Friedrich Dürrenmatt

*Werkausgabe in siebenunddreißig Bänden*

Band 35

Friedrich Dürrenmatt

# *Zusammenhänge*

*Essay über Israel*
*Eine Konzeption*

# *Nachgedanken*

*unter anderem*
*über Freiheit, Gleichheit*
*und Brüderlichkeit*
*in Judentum, Christentum,*
*Islam und Marxismus*
*und über*
*zwei alte Mythen*
*1980*

Diogenes

Die Werkausgabe in siebenunddreißig Bänden basiert auf der zu Dürrenmatts 60. Geburtstag erschienenen und von ihm in Zusammenarbeit mit Thomas Bodmer herausgegebenen Werkausgabe in neunundzwanzig Bänden 1980. Diese wurde durch die seit 1981 bis zu Dürrenmatts Tod 1990 in Buchform erschienenen bzw. von ihm noch für die Publikation vorbereiteten Einzelbände analog und innerhalb der Gattungen chronologisch fortgeführt sowie um die seit 1991 in Buchform erschienenen Werke aus dem Nachlaß ergänzt. Das 17 Bände umfassende dramatische Werk der Werkausgabe 1980 wurde um einen 18. Band ergänzt, das 12 Bände umfassende erzählerische und essayistische Werk der Werkausgabe 1980 um 5 Bände erzählerische Prosa (Bände 25 bis 29) sowie um einen Band Essays (Band 36) und einen Nachlaßband (Band 37). Sämtliche Bände wurden für diese Ausgabe durchgesehen. Druckfehler wurden stillschweigend korrigiert, sonstige Veränderungen nachgewiesen. Nach Möglichkeit wurden die schon in der Werkausgabe 1980 erschienenen Bände seitengleich übernommen.
Nachweis zur Publikationsgeschichte sowie zur Textgrundlage von Ulrich Weber und Anna von Planta am Schluß des Bandes.
Umschlag: Detail aus ›Apokalypse‹ (1964) von Friedrich Dürrenmatt.


40/98/8/1
ISBN 3 257 23075 3

# *Inhalt*

# *Zusammenhänge*

Essay über Israel
Eine Konzeption
1975 [1974/75]

*Der Ben-Gurion-Universität*
*in Beerschewa*
*in Dankbarkeit gewidmet*

## *Erster Teil*

### I

Israel regt wohl beinahe jeden, der dieses Land besucht, auf eine wahrhaft ungestüme Weise zum Denken an, indessen hat dieser geistige Schwung, der einen dort herumwirbelt, auch seine nachteiligen Seiten. Kommt einer wie ich mit einer fertigen Rede, glücklich darüber, sie nur noch ablesen zu müssen, das erstemal nach Jerusalem, das zweitemal nach Haifa und das drittemal nach Beerschewa, täuscht er sich gewaltig: naiver als ich hat wohl noch niemand das Heilige Land betreten. Denn mit Schrecken stellte ich fest, daß meine Rede weder fertig war noch fertig werden konnte, weil die politische Lage, in der sich Ihr Staat befindet und die sich noch zu verschlimmern scheint, mich zwang, meine Rede, kaum hatte ich sie gehalten, mit einer neuen Vorrede einzuleiten, allein deshalb, weil mir durch das Land und durch die Völker, die es bewohnen, nachträglich demonstriert wurde, was ich eigentlich sagen wollte und hätte sagen sollen, als ich die Rede, die ich in Israel zu halten hatte, vorher in der Schweiz schrieb; in der Weise, daß ich meine Rede eigentlich erst jetzt verstehe, ihr Sinn ist mir erst jetzt aufgegangen, hatte mir doch damals bei der ersten Niederschrift meiner Rede nur eines eingeleuchtet, daß es nämlich angesichts der Ereignisse, in die Sie verstrickt sind, unmöglich ist, etwa einen literarischen Vortrag darüber zu halten, ob das Theater noch eine

Zukunft habe oder nicht und was es heute noch bedeute. Solche Fragen sind jetzt gänzlich bedeutungslos. Es lohnt sich nicht, darüber nachzugrübeln. Doch gerade weil ich versuchte, etwas Grundsätzliches zum Staate Israel zu sagen, und weil mir dieses Grundsätzliche, je länger ich mich in diesem Lande aufhielt, desto grundsätzlicher aufging, wurde meine Rede immer ausführlicher, ja unermeßlich. In Safet, nahe der libanesischen Grenze, in einer kleinen Stadt in den Bergen, vom Wind umheult, in einem steinernen Genist, von wo der Tradition zufolge die Kabbala ausging, war ich, zehn vor drei morgens, der Meinung, es sei die letzte Vorrede, die ich zu verfassen hätte. Doch schon in Haifa, zwei Tage später, hatte ich die Vorrede wieder umzuschreiben, zu so neuen Einsichten hatten mich das Land, das ich durchreiste, und die Menschen, denen ich begegnete, gezwungen; ich schrieb einen Nachmittag durch, in den Abend hinein, es war acht, die Leute warteten schon, ich hatte meine Vorrede noch nicht beendet: Als ich sie endlich dreiviertel Stunden später dem geduldigen Publikum vortrug, war ich erleichtert: Die Endfassung meiner Rede lag vor. Einen Tag danach, in Beerschewa, wurde mir jedoch klar, daß ich die ganze Rede umzuschreiben hatte, nicht nur die Vorrede, sondern auch die in der Schweiz verfaßte. Ich arbeitete eine Nacht durch, um sie dann als neue Endfassung vorzutragen, mit dem Ergebnis, daß ich sie, wieder in Jerusalem, in meinem Schreibzimmer im Mishkenot Sha'ananim, im Gästehaus der Stadt, aufs neue umzudenken begann; und jetzt, mehr als drei Monate später, längst zurückgekehrt in mein Arbeitszimmer in Neuenburg, schreibe ich immer noch an meiner doch schon längst gehaltenen Rede, die mich nicht losläßt, die mich verhaftet hat, eingekerkert in ein Genist von Gedanken. Besessen vom Wunsch, sie zu beenden, zwingt sie mich, bei ihr zu verweilen, bin ich doch neugierig, wohin mich der Sturmwind des Landes Israel noch treiben wird; auch hier, in meiner Heimat noch, setze ich ihm keinen Widerstand entgegen: es ist, als ob der Geist des nun fernen Landes mich triebe – nicht ins Fremde, mir selber entgegen.

## II

Eine seltsame Situation freilich. Indem ich an meiner Rede festhalte, ist mir mein Publikum abhanden gekommen, sind Sie, an die ich diesen Vortrag richte, ein imaginäres Publikum geworden, das von Jerusalem, von Haifa, von Beerschewa zusammen, nur in meinem Geiste versammelt; doch gerade darum halte ich es für wichtig, daß Sie über mich im klaren sind, daß Sie einerseits wissen, wie ich denke, andererseits einige Grundsätze beachten, ohne die Sie meinen Standpunkt gegenüber Israel vielleicht falsch verstehen könnten. Es scheint nun nichts leichter, als zu sagen, was man denkt. In Wirklichkeit wird jedoch schon das Wort ›Friede‹ so oft ausgesprochen, daß es beinahe einer Kriegserklärung gleichkommt. Das zugegeben, wird mein Unterfangen noch verfänglicher, denn mein Denken ist ein dramaturgisches. Es geht mir darum, mit Worten einen Konflikt darzustellen, der sich in einer anderen Dimension abspielt als in jener der Sprache, mögen auch viele Faktoren dieses Konflikts noch unwirklicher sein als Worte. Auch ist ein Konflikt nicht immer ohne weiteres darstellbar. Oft bildet erst die unmittelbare Konfrontation mit ihm die Begriffe heraus, die ihm zukommen. So wurde mir etwa der Unterschied zwischen Existentiellem und Ideologischem erst deutlich, als ich auf der Golanhöhe stand. Tief unten der See Genezareth mit dem fernen Tiberias, näher einige Kibbuzim, steil unten das Jordantal, das fruchtbarste Gebiet des Landes, einst ein Sumpf. Gäbe es wirklich Frieden zwischen Israel und Syrien, so wäre es gleichgültig, wem der Golan gehört, am vernünftigsten dem – nach Brecht –, der ihn fruchtbar zu machen versteht; gibt es diesen Frieden nicht, wird der Golan für den, der den See Genezareth und das Jordantal verteidigen muß, existentiell wichtig; für jenen aber, der Israel angreifen will, obgleich er es nicht angreifen muß, ist es ideologisch notwendig, diese Höhen zu beherrschen, denn ein Krieg, den man führen will, aber nicht muß, ist ein ideologischer Krieg. Ich war in Jerusalem, ich sah zwei herrliche Moscheen, einige ehrwürdige, viele mögliche, noch mögliche und unmögliche Kirchen und eine einfache alte Mauer. In den Moscheen beteten die Mohammedaner, in den Kirchen die Christen, an der alten Mauer die Juden. Die Einheit Jerusalems, die Möglichkeit für die Gläubigen dreier Religionen, dort zu beten, ist eine existentielle Forderung. Trotzdem durften vor dem Sechstagekrieg die Juden an der Klagemauer nicht beten, ihre Synagogen wurden zerstört, ihre Gräber geschändet. Ich fuhr vom Golan her dem Berg entlang, auf dem Jesus von Nazareth ging und sich setzte und zu seinen Jüngern sprach. Nun glaube ich weder an seine Wunder noch daran, daß Gott ihn auf eine unnatürliche Weise zeugte – wozu hätte er das nötig haben sollen –, weder an eine Auferstehung noch an eine Himmelfahrt, wird doch Gott, gibt es ihn, weil er ist, jedes Theatralische ablehnen, aus dem einfachen Grunde, weil, wer ist, keinen Schein braucht, um sein Sein zu beweisen: Der Jude Jesus von Nazareth leuchtet mir ein als der Sohn eines Menschen, nicht eines Gottes, wie ich meinem Zweifel zuliebe annehme, dem ich ebenso die Treue halte wie meinem Glauben, gibt es doch nichts Zweifelhafteres als einen Glauben, der den Zweifel unterdrückt. Gibt es einen Gott, über dessen Existenz kein Mensch zu entscheiden vermag, so ist der Zweifel an seiner Existenz nichts als der von Gott gewählte Schleier, den er vor sein Antlitz senkt, seine Existenz zu verbergen; gibt es ihn nicht, so sind die Worte, mit denen wir über ihn spekulieren, in den Wind gesprochen, der sie davonträgt wie alle menschlichen Worte. Doch die Worte dieses einen Juden, der sich Jesus von Nazareth nannte, ob er sie nun sprach oder nicht, genügen mir. Nicht die Herkunft des Wortes überzeugt, sondern das Wort. Wäre auf diesem Berg, der vielleicht gar nicht der Berg war, auf dem er gesprochen hat, keine Kirche gewesen, hätte ich meinem Freund Tobias, der mich in seinem Wagen durch das Land Israel führte, zugerufen: Halt an! Und ich kann mir vorstellen, daß ich den Berg hinaufgerannt wäre, nur um mir vorstellen zu können: Hier geschah es. Hier hat er geredet. Aber auf dem Berg stand eine Kirche, eine Ideologie, und ich besteige keinen Berg, um eine Kirche zu finden, sondern um die Gewißheit zu haben, mag sie nun eine Täuschung sein oder nicht, hier, auf diesem steinigen Boden, hat er die gewaltigste Rede geredet, die ich kenne, die Rede der Reden, eine Rede aus dem Judentum geboren, aber sicher hat er nicht in einer Kirche geredet. Doch wenn dieses Gebäude auf dem Berge für mich eine Ideologie ist, so vermag sie für andere etwas Existentielles zu sein: eine heilige Erinnerungsstätte an die Bergpredigt etwa; während mich gerade diese Erinnerungsstätte stört, mich an die Bergpredigt zu erinnern. Der Unterschied ist eine Lappalie, gewiß, wie es alle Unterschiede im Glauben sind. Schrecklich werden sie nur, wenn sie objektiviert werden, wenn das, woran einer glaubt, als etwas Objektives genommen wird: denn der Glaube ist etwas Subjektives und damit Existentielles. Wie jedoch und woran geglaubt wird, ist ein anderes, verschieden auch, ob einer mit Gewißheit oder mit Ungewißheit glaubt, ob einer glaubt zu wissen oder weiß zu glauben, ob einer ein System des Geglaubten für möglich oder ob er es für unmöglich hält, ob einer ins Dogmatische eintritt oder beim Dialektischen bleibt. So klar zuerst der Unterschied zwischen Existentiellem und Ideologischem schien, so widersprüchlich ist er jetzt geworden. Das mutet freilich paradox an. Doch die Begriffe, die wir in einen Konflikt hineinlegen, um ihn darzustellen, gehören dem Denken an und nicht dem Konflikt. Das Paradoxe, das Widersprüchliche wird durch unser Denken geschaffen; vielleicht weil ein an sich widerspruchsloses Denken *im letzten* unmöglich ist, vielleicht weil im notwendig Widersprüchlichen, im Paradoxen, die Grenze des Erkennbaren erreicht ist, von wo aus möglicherweise die Wahrheit zu ahnen ist. Auf das Existentielle bezogen, auf das nämlich, was *Sie* angeht, mehr als mich, der ich als Nichtjude, mit Recht von Ihnen aus gesehen, eine Luxusexistenz führe, von der her sich gut reden läßt, das heißt, von der her sich mit Recht überhaupt nicht reden läßt – von diesem Existentiellen her betrachtet, verwickelt sich jede Politik zwangsläufig in Widersprüche, nicht nur, weil jede Politik widersprüchliche Faktoren enthält, was in ihrem Wesen liegt, sondern weil jeder, der über Politik nachdenkt, darüber sowohl allgemein als auch von Fall zu Fall nachdenken muß und damit in eine logische

Schwierigkeit gerät, weil im Existentiellen sich das Besondere nicht aus dem Allgemeinen deduzieren läßt wie im Logischen, sondern, im Gegenteil, in einem gewissen Widerspruch zum Allgemeinen steht. Doch nur so, indem ich Sie mir vor Augen stelle, nun hier in Neuenburg, in der Schweiz, nach meiner Reise in Ihr Land, nach all den gewaltigen Eindrücken, bedrängt von all den lächerlichen Aufgaben meines Berufs, erst deshalb, weil ich Ihren Fall immer wieder durchdenke, als ob er mein Fall wäre, gewinne ich das Recht zurück, über Ihren Fall zu reden, weil Ihr Fall damit auch mein Fall wird. Ich weiß, Sie sind von meinen Worten verwirrt, sie helfen Ihnen nicht weiter, ich gebe es zu, auch wenn ich Ihren Fall zu meinem mache, *Sie* sind in Gefahr, nicht ich, und ob Sie nun von einem existentiellen oder ideologischen Gegner existentiell bedroht werden, mag Ihnen gleichgültig sein, besteht doch das Wesen des Krieges darin, daß er, selbst wenn er ein ideologischer Krieg ist, etwas Existentielles wird: eine Katastrophe. Sie zu vermeiden, gibt es nur einen einzigen Ausweg: den Frieden. Das nur, weil der Friede mehr als ein vernünftiger Ausweg ist, er ist der einzige Weg, den zu begehen den Menschen noch bleibt; alle anderen Wege sind Sackgassen, und was uns dort einholt, verirren wir uns darin, wird sich nicht darum kümmern, daß wir es nicht gewollt haben; wir haben es gewählt. Erst von diesem Standpunkt aus, den einzunehmen mir gerade Israel gegenüber besonders sinnvoll erscheint, wo er wohl wie in keinem anderen Lande begriffen wird, vermag ich es auch auszusprechen: Der Friede kann nur stufenweise erreicht werden. Nicht wenn die Völker sich verkrampfen, sondern wenn sie sich entspannen und sich allmählich auf den Frieden einspielen, wird er möglich. Der Krieg macht kurzen, der Friede braucht einen langen Prozeß. Das Paradox des Friedens besteht darin, daß er nicht aus dem Kriege, sondern nur aus dem Frieden heraus verwirklicht werden kann. Der Friede ist keine Sentimentalität, nicht die Sehnsucht in Kriegszeiten, daß kein Krieg mehr sei, nicht der Gegensatz zum Kriege, sondern der Gegensatz zum Zustand, worin sich jetzt die Welt befindet: Allein der Friede, der kein verkleideter Krieg mehr ist, vermag zu verändern und – indem er verändert, mit der Zeit, die nur ihm zur Verfügung steht – die oft unmenschlichen Verhältnisse abzuschaffen, in die der Mensch verstrickt ist.

## III

Gesetzt, ich unternähme es, einem Russen, einem Franzosen, einem Schweizer usw. gegenüber von der Notwendigkeit ihrer Staaten zu reden, würden sie, so angesprochen, mich verständnislos anglotzen. Ihre Staaten brauchen keine Bestätigung ihrer Notwendigkeit. Der Versuch, die Notwendigkeit irgendeines Staates beweisen zu wollen, scheint nicht nur überflüssig, sondern auch komisch, aber leider auch beleidigend, denn der Grund, der den Vortragenden dahin brachte, einen solchen Beweis zu führen, beunruhigt: Muß schon die Notwendigkeit eines Staates bewiesen werden und, ist der Zuhörer ein Bürger dieses Staates, damit auch die Notwendigkeit des Zuhörers selbst, überhaupt zu existieren, so müssen offenbar starke Einwände vorhanden sein, die diese Notwendigkeit bezweifeln. Das definiert denn auch die Lage des Staates Israel: Er *ist* zwar, aber er scheint vielen nicht notwendig zu sein, ja mehr und mehr störend: man wäre froh, wenn er nicht wäre, auch jene wären glücklich über seine Nichtexistenz, die seine Existenz bejahen. Ein Verdacht nur, gewiß, doch ein berechtigter Verdacht. So halte ich denn meine Rede vor einem bedrohlichen, dunklen Hintergrund, irgendeinem dubiosen Weltenrichter sind schon schwer entzifferbare, von unzähligen Händen verschmierte und ständig umgeschriebene Anklageschriften zugegangen, noch ist er nicht entschlossen, sie zu lesen, aber er könnte sie lesen; ob er dann einen Urteilsspruch sprechen würde, ist ungewiß, aber er könnte ihn fällen, und wie er dann ausfiele, ist noch ungewisser, und irgendwo, hinter allen Welthintergründen, putzt der Weltenhenker mechanisch an seinem Beil herum, noch hat er keinen Befehl bekommen, aber er könnte ihn bekommen: So ist denn meine Rede, ob bewußt oder unbewußt, eine Verteidigungsrede, zudem ist sie aber auch eine Anklagerede, darüber nämlich, daß es dreißig Jahre nach Auschwitz abermals notwendig ist, eine solche Rede zu halten. Doch auch an sich hat meine Rede über die Notwendigkeit Ihres Staates ihre Tücken; oder besser, es warten auf sie Schwierigkeiten, die ich zwar jetzt nicht überschaue, von denen ich aber weiß, daß sie auf mich lauern: gibt es doch Fragen, die nur scheinbar leicht zu beantworten sind; auch die Frage nach dem Grund meiner politischen Stellungnahme für Israel scheint zu diesen Fragen zu gehören. Sicher, es wäre leicht, idealistische Gründe aufzuzählen, als Kleinstaatler bin ich nun einmal für Kleinstaaten; auch könnte ich der Meinung sein, daß es gerade in Kleinstaaten für Menschen verschiedener Kulturen oder Religionen leichter sei zusammenzuleben, ein freilich sehr voreiliger Schluß; auch in der Schweiz haben wir unsere Minderheitenprobleme, und die Deutsch-, Französisch- und Italienischschweizer leben mehr neben- als miteinander. Was ferner in anderen Kleinstaaten geschieht, etwa in Nordirland oder auf Cypern, brauche ich nicht zu erzählen, meine Vorliebe für den Kleinstaat als die an sich vernünftigste Form des Staates ist in letzter Zeit arg ins Wanken gekommen. Vielleicht gerade seiner Kleinheit wegen scheinen die Menschen in ihm irrationalen Einflüssen nicht minder ausgesetzt als die Menschen eines Großstaates, sei es aus Platzangst oder aus einem Minderwertigkeitsgefühl oder gar aus einem dunklen Drang heraus, sich mehr und mehr zu verkleinern, jedenfalls sind viele der internationalen Schrebergärten ein unsicheres und unübersichtliches Gelände geworden. Nein, mein politisches Einstehen für den Staat Israel gründet sich auf weit kompliziertere Überlegungen, nicht etwa weil ein Schriftsteller an sich zu komplizierten Überlegungen neigt, wenn ihm eine Rede abverlangt wird; eher weil die Begründung an sich kompliziert ist. Die Antwort ist nämlich einfach: Ich, der ich sonst für keinen Staat besonders einstehe, der ich sonst über Staaten nicht gerade zimperlich denke und über den Nationalismus ausgesprochen bösartig, stehe für Israel ein, weil ich diesen Staat für notwendig halte. Eine andere Frage ist es, ob meine Antwort auch stimme, stellt sie doch eine Behauptung dar, die ich paradoxerweise nicht politisch, sondern nur philosophisch zu begründen vermag. Politisch deshalb nicht, weil das Politische nicht notwendig, sondern willkürlich geschieht, genauer: aus Pannen und Zufällen, aus unvorhergesehenen Konstellationen heraus. Gerade darum ist ja auch die Welt so heillos verpfuscht, auch wirtschaftlich; die übrigen Primaten, die Orang-Utans, die Gorillas und Schimpansen, in zoologischen Gärten weitaus besser untergebracht und verpflegt als die Mehrzahl der Menschen, würden, falls sie denken könnten, aus dem allgemeinen Zustand, in den wir geraten sind, bloß mit Mühe schließen, daß es sich beim Homo sapiens um etwas Spezielles handle. Anders gesagt: Der Politik ist philosophisch, nicht politisch beizukommen.

## IV

Durchaus zu meinem Unglück. Muß ich doch einen politischen Vortrag philosophisch halten oder, was auf das gleichermaßen Dubiose hinausläuft, einen philosophischen Vortrag mit Schlagwörtern durchsetzen, weil die Politik nur Schlagwörter versteht. So vermag ich denn nicht ins einzelne zu gehen, ins Exakte, sondern bloß ins Allgemeine, Ungefähre. Auch dort, wo ich verweilen, deutlicher werden sollte, reißt mich der Fluß der Rede fort; ja, ich muß danach trachten, im rhetorischen Strudel meines Unternehmens nicht unterzugehen. Daß Reden an sich etwas Leichtsinniges ist, weil das Wort, nimmt man es beim Wort, zu genau, nimmt man es großzügiger, zu vage wird, ist ein schwacher Trost. Auch die Bitte hilft nichts, sich meinen Worten gegenüber nicht allzu sprachabergläubisch zu verhalten; die Sprache ist nun einmal das einzige halbwegs brauchbare Verständigungsmittel, über das wir verfügen, wollen wir nicht auf die Gestik zurückfallen. Aber das Leichtsinnige ist gleichzeitig auch ein Wagnis, und so kommt der, welcher es unternimmt, einen Gedanken zu verfolgen, nicht weit, sichert er jeden Schritt logisch ab. Er muß den Mut aufbringen voranzuschreiten. Das logisch Abgesicherte ist allzu oft nur scheinbar logisch, wäre dem nicht so, würde ich schon an der ersten Hürde scheitern. Der Beweis, warum etwas notwendig sei, ist in Wirklichkeit viel kniffliger zu erbringen als der Beweis, warum etwas nicht notwendig sei, gibt es doch weit mehr Nichtnotwendiges als Notwendiges, was sogar gewisse Staaten betrifft, selbst wenn, logisch betrachtet, auch das Nichtnotwendige allein aus dem Grunde notwendig ist, weil es *ist*, so daß es eigentlich nichts Nichtnotwendiges gibt: weshalb denn Israel auch für die notwendig sein sollte, die es für nicht notwendig halten. Doch ist mit diesem Beweis niemandem gedient, er hinkt, wie alles Logische, er gilt nur im Bereich des Begriffs, nicht unbedingt in jenem der Wirklichkeit. Aber noch aus einem anderen Grund ist die Notwendigkeit der Existenz Israels schwer zu beantworten, handelt es sich doch um einen Sonderfall, und die Frage nach der Notwendigkeit eines Sonderfalls ist nicht allgemein zu beantworten, sondern, falls sie überhaupt zu beantworten ist, nur aus dem Besonderen heraus, sogar auf die Gefahr hin, logisch aufs neue ins Schwimmen zu geraten. Denn streng genommen muß ich jetzt zeigen, weshalb der Staat Israel einen Sonderfall darstellt, bevor ich überhaupt dazu komme, die Notwendigkeit dieses Sonderfalls zu beweisen. Nun weigere ich mich eigentlich, in der Politik Sonderfälle anzunehmen. Vielleicht weil der Politiker in der Regel damit operiert, das Land, das er vertrete, sei ein Sonderfall, während ich mich dagegen wehre, zum Beispiel in der Schweiz einen Sonderfall zu sehen. Im Gegenteil, ich sehe in ihr den Normalfall eines Kleinstaats mit seinen Normaltugenden und Normallastern, das schweizerische Bankgeheimnis einmal ausgeklammert. Doch ist der Widerspruch nicht zu übersehen, in den mich meine Rhetorik hineinlistete: Indem ich nämlich vom jüdischen Staat behauptet habe, er sei ein Sonderfall, muß ich das gleiche trotz meiner Weigerung auch von anderen Staaten zugeben, und wirklich hat ja nun jeder Staat seine Eigenart, der Staat Israel die, daß die Geschichte seines Volkes mit der Geschichte seines Staates nicht identisch ist. Das war zwar bei anderen Völkern auch der Fall: Die Griechen besaßen lange Zeit keinen Staat mehr, oder die Iren oder die Polen, auch die Araber usw., sie bewohnten nur noch Provinzen, bis sich diese wieder zu Staaten formten; was aber das jüdische Volk betrifft, so spielte sich seine Geschichte der Hauptsache nach ohne Staat ab und, noch erstaunlicher, auch ohne sein Land, aus dem es immer wieder vertrieben wurde und in das es immer wieder zurückkehrte. Das jüdische Volk überlebte allein durch die Permanenz seiner Kultur während fast dreitausend Jahren. Seine Staatsgründungen waren Episoden, seine bleibende Konstante war nicht der Staat, sondern das Volk, nicht eine staatliche, sondern eine soziale religiöse Gemeinschaft, im letzten nicht zu definieren, unwirklich und doch vorhanden. Ist die Geschichte dieses Volkes, äußerlich gesehen, ein abenteuerliches, ans Unwahrscheinliche grenzendes Immer-wieder-Davonkommen, das nur zu oft an den Rand des Nicht-Seins führt, des Verlöschens, dem es nur darum entging, weil sich die Juden überallhin zerstreuten, so daß nur einzelne Teile des Volkes untergehen konnten, doch nie das Volk, so ist dennoch diese äußerliche, schwer überschaubare und durchschaubare Geschichte nicht das Wesentliche, wenn sich in ihr auch das Wesentliche vollzog: Wie bei allen von der Mehrheit verfolgten, verachteten und bestenfalls geduldeten Minderheiten wurde als Jude geboren zu sein, als Jude leben zu müssen in jeder Zeitepoche, in jedem Jahrhundert immer wieder etwas Existentielles. Das Judentum ging nicht unter, wie die Antike unterging, es ist nicht literarisch geworden, sondern lebendig in die mittelalterliche, neue und neueste Zeit hineingewachsen, und es wurde zum eigentlichen Untergrund der Moderne. Vielleicht gerade weil es den Juden verwehrt wurde, einen Staat zu besitzen, weil der jüdische Geist immer in den Untergrund gewiesen wurde, ins Unbewußte der Welt gleichsam, vermochte er von dieser Mitte aus zu wirken. Nur aus der Kraft vom Existentiellen her, von diesem Gefälle aus ist es zu erklären, was die Welt den Juden verdankt. Gerade weil dieses Volk wie kein anderes verfolgt wurde, ist seine wesentliche Geschichte die Geschichte seines Geistes und nicht die seiner Verfolgungen. Der europäische Geist ist entscheidend vom jüdischen Geist beeinflußt. Wie das jüdische Volk keine Rasse ist, sondern eine soziale religiöse Konzeption, so ist der jüdische Geist nicht nationalistisch, damit staatlich, sondern theologisch bestimmt und damit dialektisch. Nun bin ich mir bewußt, damit den jüdischen Geist sehr einseitig definiert zu haben, weil ich das Dialektische im kantischen Sinne auffasse: als eine Methode des Denkens, die versucht, unabhängig von der Erfahrung zu Erkenntnissen zu gelangen; ein Abenteuer des Denkens, dem die Menschheit mehr verdankt, als sie ahnt; ob die Erfahrung nachträglich die Erkenntnisse bestätigt, ist eine andere Sache. Denn die Entdeckung Gottes ist die wohl folgenschwerste Entdeckung des Menschen, unabhängig davon, ob es Gott gibt oder nicht, sind doch die wichtigsten Entdeckungen nach jener Gottes die Entdeckungen des Punktes, der Null, der Geraden, der rationalen und der irrationalen Zahl usw. Gedankendinge, über deren Existenz oder Nichtexistenz zu diskutieren ebenso sinnlos ist, sind sie doch unabhängig von dieser Frage wirksam. Indem die Juden einen Gott konzipierten, der von einem Stammesgott, von einem Gott unter Göttern zum Gott wurde, zum Schöpfergott, traten sie in die kompliziertteste Dialektik ein, die der menschliche Geist kennt, in die wohl fruchtbarste geistige Dramatik. Nicht nur Gott selbst, dessen Konzeption ständig verändert und aufs neue durchdacht wurde, auch das Verhältnis der Gotteskonzeption zum Volk und zum Einzelnen nahm immer neue Aspekte an, wobei in diesem bis heute dauernden Denkprozeß das Volk und der Einzelne immer wieder neu bestimmt wurden. Es hat nun keinen Sinn, diesen Gedankengang näher zu verfolgen, aus dem einfachen Grunde, weil ich dazu nicht imstande bin, so verlockend es wäre, sich in so komplizierte Untersuchungen zu verwickeln, wie in die etwa, inwiefern ein dialektischer Weg führt vom Gott Abrahams zum Gott des Maimonides, des weiteren vom Gott des Maimonides bis zum Gott Spinozas und vom Gott Spinozas bis zum Gott Einsteins, Gedankengänge, die, wie wir ahnen, nur Aspekte eines einzigen gewaltigen Gedankenganges sind. Doch so unermeßlich auch der Strom des jüdischen Denkens und das Gedankengut, das er uns zuschwemmt, sein mögen, wichtiger scheint mir eines: nannte ich die Juden das dialektische Volk, weil es das theologische Volk an sich sei, so mußte sich diese Dialektik mit der Zeit auch gegen das jüdische Volk selbst richten. War einmal der Schöpfergott konzipiert, der Gott an sich, neben dem es keine anderen Götter gab, mußten die Juden allmählich in einen Gegensatz zu sich selber treten, ist doch im Judentum der Mensch mit Gott durch sein Volk verbunden. Der Einzelne existiert nicht außerhalb seines

Volkes, und das Volk existiert nur dank des Bundes, den es mit Gott geschlossen hat. Doch indem es nur einen Gott gibt, müssen diesem Gott auch alle anderen Völker unterstehen, und nicht nur die Völker, auch alle Menschen; der Bund Gottes mit seinem Volk gerät in Gefahr, ein Übernationales tritt an die Stelle einer nationalen Religion. So war es denn auch eine anfänglich jüdische Sekte, die sich zu einer Weltreligion ausbreitete, weniger durch Jesus von Nazareth als durch Paulus. Anfänglich. Wurde doch das Christentum während mehr als zwei Jahrhunderten als ein Sonderfall des Judentums betrachtet, mehr noch, es selbst war zu Beginn in die jüdische Dialektik verstrickt, es versuchte, sich mit der jüdischen Gottesidee zu versöhnen, darum der verwirrende Zerfall des Christentums in seinen ersten Zeiten, es löste sich in unversöhnliche Gegensätze auf, in Richtungen, die sich über dem Problem zerstritten, was denn eigentlich Christus seiner Natur nach gewesen sei, da es doch nur einen Gott geben könne, ob ganz göttlich, halbgöttlich oder nur gottähnlich. Das Christentum wurde gleichsam von einer theologischen Atomistik erschüttert. Doch nicht diese metaphysischen Schwierigkeiten sind das Wesentliche. Das Christentum hebt das Judentum auf, aber damit auch das Gesetz, der Mensch wird frei, er ist vom Gesetz erlöst, die Beziehung Gottes zum Menschen ist unmittelbar. Es gibt nur Gott und den Einzelnen. Damit wird der Einzelne paradox, er ist frei, aber dennoch unfrei, von den Sünden erlöst und dennoch sündig, der Gott, der Mensch wurde und den Menschen erlöste, ist auferstanden, doch wieder in den Himmel gefahren, in seine Herrlichkeit, und hat den Menschen zurückgelassen in seiner Erbärmlichkeit. Noch wartet dieser auf die endgültige Wiederkunft des Gottes, auf das

Jüngste Gericht, Geschlecht um Geschlecht von Glaubenden versinkt, es ereignet sich immer noch nichts. Als die Hoffnung schwindet, daß Er nächstens wiederkomme, wird die christliche Metaphysik erfunden, der christliche Himmel, und damit dieser Himmel nicht im Vagen schwebe, sondern Fuß fasse und zu erklettern sei, wird eine geniale Hilfskonstruktion nötig. Die Kirche tritt an die Stelle des zögernden Gottes, dem es nach seinen Erfahrungen hienieden offenbar nicht eilt, sein Experiment zu wiederholen und aufs neue unter den Menschen zu wandeln. Eine menschliche Institution wird errichtet, mit der Fähigkeit, im Namen Gottes den Menschen von seinen Sünden freizusprechen, unabhängig davon, ob diejenigen, die dieses Amt ausüben, daran glauben oder nicht, die Funktion ist heilig, nicht der Funktionär. Nun bin ich selber Christ, genauer, Protestant, noch genauer, ein sehr merkwürdiger Protestant, einer, der jede sichtbare Kirche ablehnt, einer, der seinen Glauben für etwas Subjektives hält, für einen Glauben, der durch jeden Versuch, ihn zu objektivieren verfälscht wird, einer, dem das subjektive Denken wichtiger ist als das objektive Denken. Das alles zugegeben, fällt es mir dennoch schwer, es auszusprechen, nicht aus Scham, sondern aus Wut. Das Christentum eroberte die Welt nicht kraft seines Glaubens oder seiner Märtyrer wegen – das zu behaupten wäre eine Anmaßung angesichts der Unmenge von Heiden, Mohammedanern und Juden, die oft im Namen des Gekreuzigten einen noch grausameren Tod erlitten, und angesichts der Unzahl jener, die verfolgt und vernichtet wurden, weil sie etwas andersgläubige Christen waren als die Christen, die gerade an der Macht waren. Nein, das Christentum kam an die Macht, weil es sich als eine ideale Ideologie für die Macht herausstellte. Es wurde von der Macht entdeckt, nicht von der Ohnmacht, und nicht nur von einer Macht, sondern gleich noch von einer Weltmacht, von einem Imperium. Dieses benötigte eine internationale Religion, nicht eine nationale, um sich im Himmel zu verankern, der sich über seine Völker spannte. Ein römischer Kaiser kam sich als Gott wahrscheinlich nie recht glaubhaft vor, war er nicht ganz verblödet; daß er der Stellvertreter Gottes sei, schmeichelte ihm dagegen wie wohl jedem Menschen, dem man einen solchen Posten einredet. Doch wurde der Kaiser der Stellvertreter Gottes, wurde der Papst der Stellvertreter Christi. Ein Stellvertreter stand dem anderen gegenüber. Nach dem Verfall des römischen Imperiums setzt die europäische Geschichte ein, nicht mehr von einem Punkt her konzipiert, nicht mehr von Rom aus, das die Ziegen erobern, inmitten der Ruinen grasend. Diese Geschichte vieler Völker ist am besten durch einen dramaturgischen Dreh wiederzugeben: jeder Teil des dreieinigen Gottes materialisiert sich und wird mit der Zeit unabhängig von den anderen materialisierten Teilen; Geschichte wird so als parodierte Metaphysik darstellbar, durch die Fiktion: Gott verkörpert die Imperien, die Vaterländer usw., bis er sich zum totalen Staat entwickelt; Christus die Kirche, die zur totalen Kirche wird, zur Kirche ohne Gott endlich; und der Heilige Geist, eine unstete Taube, erwirkt zuerst Häresien, verwandelt sich dann zum Geist, totalisiert sich schließlich in der Wissenschaft.

V

Fiktionen sind nicht zu vermeiden. Dennoch kommt es mir vor, als hätte ich den Versuch unternommen, Wolkenmassen miteinander zu vergleichen. Scheint ein Unterschied gefunden zu sein, ist dieser Unterschied beim nächsten schärferen Blick wieder verschwunden, eine Wolkenmasse sieht wie die andere aus, beide Wolkenmassen haben sich ineinander geschoben, vermischen sich. So wurden das Judentum und das Christentum von der griechischen Philosophie beeinflußt, so gibt es im Judentum wie im Christentum eine Mystik mit allen ihren Nebenzweigen und Verästelungen der Nebenzweige, gibt es neben der offiziellen Religion eine inoffizielle. Hier vergleichen zu wollen, würde noch tiefer ins Uferlose führen, wo sich jetzt meine Rede ohnehin befindet, und verfahrener, als sie jetzt zu sein scheint, läßt sich kaum eine Rede vorstellen. Zugegeben, ein weiterer Umstand spielt mit. Als Christ zu Juden sprechen und als Jude einem Christen zuhören zu müssen, geht nicht ohne Verlegenheit ab, nicht etwa weil Sie Juden sind, sondern weil ich Christ bin; wobei die Verlegenheit dadurch entsteht, daß ich zwar ein schlechter Christ sein kann oder gar keiner, ein Kommunist oder Atheist, Sie aber Juden bleiben müssen, auch wenn Sie Kommunist oder Atheist sind. Sie können bestenfalls ganz schlechte Juden sein, Zionisten, und dann sind Sie erst recht gute Juden. Doch diese Absurdität, derzufolge ich mich in einem Zustand der Freiheit befinden soll, nicht das sein zu müssen, was ich bin, während Sie in einem Zustand der Unfreiheit zu verharren haben, das zu sein, was Sie sind, dieses logisch nicht zu Akzeptierende, aber existentiell Vorhandene beweist, daß sich nun einmal nicht über den jüdischen Staat und von der Notwendigkeit seiner Existenz reden läßt, wie ich mir vorgenommen habe, ohne die Notwendigkeit zu untersuchen, warum es nach mehr als zweieinhalb Jahrtausenden zur Neugründung dieses Staates kommen mußte; ein Unterfangen, das in so manches Geschichtsbild nicht hineinpaßt, weshalb es denn viele für unsinnig erachten und ihm die Notwendigkeit absprechen, die ich ihm zusprechen möchte. Wer aber nach dem Grunde sucht, muß immer weiter zurückfragen, von einem Grunde zum Grund dieses Grundes usw., bis er auf die Grundkonzeption des jüdischen Volkes stößt, womit es sich selber setzte, im religiösen mystischen Urnebel seiner Geschichte, indem es irgendeinmal während seines Entstehens nämlich nicht nur Gott fand, sondern sich auch als das Volk dieses Gottes begriff, ein rätselhafter Vorgang, von dem wir auszugehen haben, gleichgültig, was der nach diesem Vorgang Fragende ist, ob Jude oder Christ, ob Philosoph oder Komödiant oder beides zusammen, ob er glaubt oder nicht, ja, welche Gründe er sonst noch hinter diesem Vorgang wittert, psychologische, tiefenpsychologische oder nur ökonomische. Einmal herbeigeführt, brachte das private Verhältnis zu seinem Gott das jüdische Volk in Schwierigkeiten. Sie nahmen zu, als es seine politische Unabhängigkeit längst verloren hatte. Die Juden vermochten sich ihrem Glauben zuliebe weder mit dem römischen Imperium abzufinden – was sie ihr Land kostete – noch mit der Nachfolgerin des römischen Weltreiches, der christlichen Kirche. Die Auseinandersetzung mit dieser war noch verhängnisvoller: mit Imperien kann man sich arrangieren, mit Kirchen nie. Griff doch mit der christlichen Kirche eine internationale Organisation mit einer fest umrissenen und klar definierten Ideologie in die Weltgeschichte ein. Dieser gedanklich glänzend durchkomponierten Institution gelang eine der spektakulärsten Eroberungen des Diesseits. Ihre Eroberung des Jenseits war noch spektakulärer und findet immer noch statt. Ein heutiger Katholik hat ungleich mehr zu glauben als ein Urchrist. Ideologie ist ein hartes Wort, doch ist die kirchliche Dogmatik eine Ideologie, mit der sich die Kirche als eine nicht menschliche, sondern göttliche Instanz rechtfertigt. Sie nennt sich nicht nur unfehlbar, sondern auch unersetzbar. Daß es im Judentum zu keiner Kirche kam, daß die Synagogen nicht mit der Kirche zu vergleichen sind, hat verschiedene, nicht nur machtpolitische Gründe, obwohl die Frage offenbleiben muß, was aus dem Judentum geworden wäre, hätte es die internationale Karriere des Christentums eingeschlagen, diese ungeheuerliche Karriere ins Triumphale. Macht korrumpiert. Indessen sind solche Überlegungen hypothetisch, wenn auch nicht abwegig, denn der Versuchung, Proselyten zu gewinnen, zur Weltreligion aufzusteigen, erlagen die Juden im Altertum durchaus und waren deswegen berüchtigt. Der Versuch mußte scheitern. Der Gott, den die Juden verkündigten, war zu sehr mit seinem Volk verbunden, er liebte es zu leidenschaftlich; ein jüdischer Missionar ist ein Widerspruch in sich. Auch ist das Judentum ursprünglich auf eine seltsame Weise unmetaphysisch; die Welt aber dürstet nach Metaphysik. Der Messias ist keine überirdische Gestalt. Er ist nicht der Sohn Gottes, wie ihn später das Christentum sah. Er ist ein Mensch, der verheißen ist. Er ist der gesalbte König. Das Judentum ist nicht offenbarte Weisheit. Es ist offenbartes Gesetz. Es bewegt sich in einem anderen Rahmen als das Christentum. Das Gesetz hat mit der Wahrheit nicht unmittelbar zu tun. Es ist nicht eine

Aussage Gottes über sich selbst. Die Thora regelt die Verhaltensweise der Juden Gott gegenüber und untereinander. Der Mensch muß nicht wissen, was jenseits ist, ob es ein Fortleben nach dem Tode gibt oder nicht. Der Tod ist als Tod akzeptiert. Die Wahrheit ist nicht Sache des Menschen. Dieser braucht nicht zu wissen, was er glauben soll. Er muß wissen, wie er zu handeln hat, um nicht dem Zorn Gottes zu verfallen, um mit Gott leben zu können, unter diesem riesigen Schatten, der auf das Volk Israel fällt. Dieser Gott wird nicht erhellt. Er ist in allen seinen Widersprüchlichkeiten, Launen, Wutausbrüchen, Zerstörungsaktionen undeutbar. Er straft nicht im Jenseits. Er wütet im Diesseits, sein Volk immer wieder zerstörend. Er verschont nicht einmal seinen Tempel. Von diesem Unerforschlichen her, vom Rätsel seines von Gott verhängten Geschicks aus tastet sich die Religiosität des jüdischen Volkes vorwärts. Sie baut das Gesetz ins Umfassende aus. Sie dringt in jeden Bereich des Lebens ein, als wären die Zehn Gebote Axiome einer geheimnisvollen ethischen und sozialen Mathematik, die weit und weiter vorstößt, immer kühnere Beziehungen knüpft, bis ins Unverständliche, ohne je weiter zu kommen als zu der Erkenntnis, wovon sie ausging, es sei nur ein Gott, gewaltiger als seine Schöpfung: Wer aber nie zu einem System kommt, kommt nie zu einer Dogmatik. Das Judentum ist gezwungen, immer wieder vom Existentiellen her neu anzusetzen, an die Überlieferung anzuknüpfen, immer wieder, sie wiederum zu durchdenken. Von Geschlecht zu Geschlecht. Vom Leben her. Von der Verfolgung her. Von der Diaspora her. Von der Situation her. Aber auch vom Einzelnen her. Wie noch bei Kafka. Nicht um diesen Gott zu begreifen, sondern um ihn zu ertragen. So mußte der Versuch, das Judentum zu einer

Weltreligion zu machen, früh scheitern, nicht nur an ihm, sondern an der Realität. Schon die antike Welt begriff es nicht, machte sich über diesen einsam regierenden Gott lustig; ein kleines, unbedeutendes Volk in irgendeinem Weltwinkel, das behauptete, sein Gott sei *der* Gott und es gebe keinen anderen außer ihm, mußte den Verstand verloren haben. Nicht umsonst nannten die Griechen die Juden Atheisten, weil diese nur an *einen* Gott glaubten und nicht an eine Unzahl von Göttern. Wenn es sicher auch Versuche zu einer jüdischen Dogmatik gegeben hat, wenn es wahrscheinlich so ist, daß im Verlaufe der Zeit, je unerreichbarer dem jüdischen Volk sein Staat wurde, das Haus seines Gottes, sein Glaube immer metaphysischer wurde, sich dem Glauben der Urchristen entgegenstürzte, die sich ja noch als Juden verstanden: zu einer jüdischen Kirche gleich der christlichen ist es nie gekommen. Nicht allein weil ein Dogma fehlte, das eine Kirche gefordert hätte, oder ein Gebot dazu oder aus politischen Gründen, weil sich das Judentum diese Gründe nie auf die Dauer leisten konnte, auch deshalb offenbar, weil den Juden mit den Propheten ein anarchistisches Element beigemischt war: Immer wieder griff Gott durch Einzelne in die Geschichte ein, die er, je nach Laune oft, ausgesucht hatte, durchaus nicht immer im Sinne einer klugen Politik und manchmal, wie bei Saul, perfid, hinterlistig, ohne jede Großzügigkeit, die er David gewährte, von Salomo ganz zu schweigen. Dagegen, indem das Christentum diese Kirche schuf, die das Judentum seinem Wesen nach nie schaffen konnte, spaltete es sich immer radikaler vom Judentum ab. Es entfernte sich von seinem Ursprung, je mehr es seinen Glauben definierte, je mehr es ihn rationalisierte, bis sein Glaube zur Dogmatik wurde. Von ihr her wurden die

Juden das unerlöste, das verworfene Volk, die Christusmörder, obgleich Jesus von Nazareth einen Tod starb, der den römischen Staatsrebellen zukam. So entstand das überaus Merkwürdige, daß eine jüdische Sekte den Antisemitismus erzeugte. Zwar kannte ihn schon das römische Imperium, wie die Christen weigerten sich die Juden, Caesar als einen Gott anzuerkennen: die ersten Christenverfolgungen waren in Wirklichkeit Judenverfolgungen, die ersten Pogrome. Was dagegen den christlichen Antisemitismus weit bösartiger macht, liegt darin, daß der Christ, nimmt er sich ernst, dem Judentum keine Berechtigung mehr zugestehen kann: Weil er das Judentum als Voraussetzung seines Glaubens anerkennt, muß er es verwerfen; weil er das Judentum auf das Christentum hin interpretiert, wird er sein größter Feind. Wirft er den Juden vor, sie seien Gottesmörder, kann der Jude dem Christen vorwerfen, er sei ein Vatermörder: er mordete seinen Ursprung. Nun haben Konflikte innerhalb des Religiösen etwas Unlösbares. Noch verhängnisvoller werden dann jene, die zwischen einer triumphierenden Religion und einer gedemütigten entstehen: Diese Einstellung der Ecclesia triumphans, der Glaubensrausch, sich im Besitz der Wahrheit zu wähnen, stimmte auch den Protestantismus den Juden gegenüber feindlich. Damit begann im Judentum selbst eine neue dialektische Bewegung. In eine christliche Welt geworfen, die seine Bekehrung forderte und, wenn sie nicht erfolgte, die Ablehnung als Inbegriff des Störrischen, Bösartigen, Unbelehrbaren ansah, als ein Abbild dessen, das, wie der Teufel einst, jetzt die Gnade, die Erlösung nicht annehmen wollte – für die doch alle Vernunftgründe sprachen –, in dieser unheimlichen Welt stand das Judentum vor dem Problem, wie es überleben solle, und nicht nur vor diesem Problem, es stand auch vor der Frage, ob es überhaupt überleben könne.

## VI

Im allgemeinen wird in der Geschichte des jüdischen Volkes zwischen einer orientalischen und einer europäischen Epoche unterschieden. Als ein wesentlicher, wenn auch ein geleugneter und übergangener Faktor der europäischen Geschichte nimmt das Judentum an der geistigen Entwicklung des Kontinents teil, mit der Aufklärung wurden es und das Christentum gleichzeitig konfrontiert. Für beide war es eine unangenehme Gegenüberstellung. Jude und Christ wurden vor die Vernunft zitiert. Vor etwas Objektives. Denn ob diese Instanz göttlich oder menschlich sei, ob etwa Gott eine andere Mathematik anwende als der Mensch, falls er rechne, oder eine andere Logik, falls er denke, ist eine unsinnige Frage. Falls er rechnet und denkt, vermag Gott es nur menschlich zu tun, weil Denken und Rechnen menschliche Tätigkeiten sind, die anderen göttlichen Tätigkeiten Gottes entziehen sich unserem Verstehen, sind für uns nicht vorhanden. Nun neigen wir dazu, die Aufklärung zu unterschätzen. Vielleicht weil wir von ihr ernüchtert sind oder enttäuscht oder weil wir uns in die Zeit des unangefochtenen Glaubens zurücksehnen, zurück in die Nestwärme des Nichtangezweifelten. Wir frösteln, wenn wir an die Aufklärung denken. Sie setzte, wie wir annehmen, an Stelle des Glaubens die Vernunft, und die Vernunft ist etwas Kaltes. Sie brachte, wie wir zwar wissen, das neue wissenschaftliche Denken hervor, aber wir weigern uns, dieses neue Denken als ein philosophisches Denken anzuerkennen, obgleich es wie nie ein anderes Denken die Welt veränderte und in Gebiete vorstieß, die vorher Sache der philosophischen Spekulation waren. Woher diese Weigerung stammt, läßt sich nicht genau beantworten; daß die großen Mathematiker sich nie im Bewußtsein der Menge verankert haben, mag ein Hinweis sein; soziologisch schlägt die moderne Wissenschaft den Weg zur Geheimwissenschaft ein, unfreiwillig abgekapselt durch ihr spezifisches Denken: erwecken seine Resultate Staunen, sind sie sogar populär, es selbst ist es nicht. Doch nicht nur das naturwissenschaftliche, auch das philosophische und politische Denken der Aufklärung stoßen noch heute auf Widerstand, wie sie zu jeder Zeit auf Widerstand gestoßen sind, gab es doch schon eine Aufklärung vor der Aufklärung, sind doch die Spuren eines jeden Denkens bis zu den Anfängen des Denkens verfolgbar. Wer sieht auch gerne seine Spekulationen zertrümmert, und daß der Staat entmythologisiert, aus etwas Gottgewolltem eine menschliche Institution wurde, erweckt noch immer das Unbehagen der Politik: Die Gründe, die uns die Aufklärung suspekt erscheinen lassen, sind mannigfaltig, doch nicht nur uns macht sie zu schaffen, auch die Vergangenheit kam mit ihr nicht ins reine. Auf die Französische Revolution folgte Napoleon, auf ihn der Nationalismus und die Restauration, ein verhängnisvolles Einreißen des Gefüges setzte ein, alles kam in Bewegung, die Kritik der reinen Vernunft forderte die Phänomenologie des Geistes heraus, und auch die Romantik ist nur als Reaktion auf die Aufklärung zu verstehen, als Flucht vor ihr, die nicht zu umgehen war und dennoch umgangen wurde, vergeblich freilich, in oft wahnwitzigen Unternehmen. Die Aufklärung bewegte sich auf Gegensätze hin, auf Antinomien zu, die sich bis heute feindlich gegenüberstehen, verwickelte sich in Widersprüche, schuf Möglichkeiten, die wir erst in den Ansätzen zu verwirklichen versuchen, eigentlich zu spät begreifen, sie löste Vorgänge aus, die zu steuern wir immer noch nicht gelernt haben, um so mehr, als diese Prozesse, die wir durch die Vernunft zu lösen hätten, durch die Vernunft selbst ausgelöst worden sind. So stellt sich die Aufklärung zweideutig dar. Wir begrüßen und verwünschen sie. Was aber den Einfluß der Aufklärung auf die Religion betraf, so bestand er darin, daß Gott, der vorher unerforschlich war, nun auch unbeweisbar wurde. Die Dogmatik verwandelte sich aus einer Wahrheit an sich in eine Wahrheit in sich. Aus einer absoluten Wahrheit wurde sie zu einer bedingten. Die Aufklärung verdrängte nicht den Glauben durch die Vernunft. Sie unterschied nur zwischen den beiden. Was vorher das Gleiche war, trennte sie. Die Religion wurde nicht mehr eine Angelegenheit der Erkenntnis, sondern der Ethik, der sittlichen Verwirklichung, schließlich eine Sache der Innerlichkeit, damit der Subjektivität. Die Aufklärung machte die Religion zur Religion, zu einer Angelegenheit des nur lebbaren, aber nicht beweisbaren inneren Wissens: erst die Aufklärung machte die wirkliche Toleranz zwischen den Religionen möglich, weil der Abstand von Subjekt zu Subjekt unendlich wurde, erst in diesem Unendlichen vermochten sich Jude und Christ zu begegnen. Aber noch auf eine andere Weise kam die Aufklärung dem Judentum entgegen. Sie verlangte in der Naturwissenschaft nicht mehr die aristotelische, mehr auf ein zusammenfassendes System hinarbeitende Logik, sind doch die naturwissenschaftlichen Systeme – außer den rein klassifizierenden – nur vorläufig, so etwa das mechanistische Weltbild; sie forderte vielmehr ein radikal analytisches, mit Arbeitshypothesen operierendes Vorgehen. Der Talmud hatte das jüdische Denken seit Jahrhunderten für die Moderne ausgebildet. Paradoxerweise darf vielleicht gesagt werden, daß als Atheist, wird er einer, der Jude gegenüber dem Christen, der Atheist wird, im Vorteil liegt, weil sich das dialektische leichter in ein analytisches Denken zu verwandeln vermag als das dogmatische.

VII

Öffnete die Aufklärung dem Juden, ob er gläubig blieb oder nicht, das Tor seines Gettos, bot sie ihm die geistige Möglichkeit, aus seiner Isolation zu entweichen, entließ sie den Christen ins Freie. Auch er hatte sich in das Getto seines Glaubens eingeschlossen. Nie war die Versuchung, der Religion zu entkommen, so stark. Viele Juden traten, durch die Aufklärung entschärft, zum entschärften Christentum über. Der Auszug der Juden aus dem Judentum begann, die Emanzipation, ein einziger großer Exodus in die Ernüchterung: denn ob emanzipiert oder nicht, ob innerhalb oder außerhalb des Judentums, Jude blieb Jude. Der Antisemitismus blieb, eigentlich unheimlicher als zuvor, nicht als etwas Bewußtes, von einer Religion her Verfemtes, sondern als etwas Unbewußtes, Atavistisches, und so entstanden zwei jüdische Ideologien, die von der gleichen Voraussetzung ausgehend zu zwei einander entgegengesetzten Schlüssen kamen. Die eine versuchte das Judentum künstlich zu erhalten. Sie plante, die Juden wieder nach Palästina zurückzuführen: der Zionismus. Die andere Ideologie glaubte die Judenfrage zu lösen, indem sie diese als gleichsam nicht vorhanden erklärte. Nun hat diese Ideologie auf den ersten Blick hin scheinbar nichts mit dem Judentum zu tun. Doch stellt der Enkel eines Rabbiners, ja der Sproß einer ehrwürdigen Ahnenreihe von Rabbinern von seiten des Vaters und vor allem von seiten der Mutter, Karl Marx, beim näheren Hinschauen ein Gegenstück des Paulus dar. Operierte der erste große christliche Dogmatiker mit einem Gott gewordenen Menschen, operierte Karl Marx mit einer Gott gewordenen Gesellschaft, seine geniale Leistung besteht darin, daß er einerseits unbewußt am Judentum festhält, es andererseits bewußt ins Diesseitige, Materialistische, Gesellschaftliche transponiert; so wie Gott die Gesellschaft wird, die gleichsam autonom die ihr innewohnenden ökonomischen Gesetze in Form des Klassenkampfes abwickelt, wird aus dem jüdischen erwählten und gleichzeitig verfolgten, verfemten und verachteten Volk das ausgebeutete Proletariat, von dem das Heil kommt, der neue Messias: die klassen- und staatenlose Gesellschaft, in welcher der Mensch sich nicht entfremdet ist, sondern sich selber wird, frei. Der Marxismus ist ebenso eine Religion wie das Christentum und das Judentum. So wie es gläubige Juden und Christen gibt, gibt es gläubige Kommunisten. Denn der dialektische Materialismus muß geglaubt werden, auch wenn er sich eine Wissenschaft nennt, und es darf sogar gesagt werden, daß er die christliche Dreieinigkeit variiert, glaubt er doch an eine Dreieinigkeit von Materie, Gesellschaft und Philosophie: eine Materie, die ewig ist, eine Gesellschaft, die gesetzmäßig einem Idealzustand zustrebt, und eine Philosophie, die sich mit der Wahrheit gleichsetzt, sind, will man sie ernsthaft akzeptieren, nur als metaphysische Konstruktionen möglich: sie verlangen Glauben. Im weiteren erlitt der dialektische Materialismus das gleiche Schicksal wie das Christentum. Aus einer der vielen sozialistischen Sekten wurde er durch die Russische Revolution zur Ideologie eines Imperiums und nach dem Zweiten Weltkrieg zur Ideologie aller Staaten, die diesem Imperium gehorchen müssen, und auch anderer, die ihm nicht gehorchen wollen, wobei sich vom dogmatischen Materialismus sagen läßt, was vom Christentum gesagt wurde: nimmt er sich ernst, hat das Judentum keine Berechtigung mehr. Doch noch in anderer Hinsicht erlag der dialektische Materialismus, diese letzte welterobernde Emanation des Judentums, der gleichen Versuchung wie das Christentum. Zur Dogmatik geworden, wurde er zur Ideologie einer Kirche, zur Doktrin einer Partei, die sich mit der wahren Gesellschaftsordnung identisch setzte, genauer, mit dem Werkzeug, womit die der Gesellschaft innewohnende Gesetzlichkeit handelt, um ins Ideale vorzustoßen. Es gibt ebenso eine Parteimetaphysik, wie es eine Kirchenmetaphysik gibt. Wie die Kirche wird die Partei der alleinige Träger einer Heilsgeschichte, wie die Kirche wird sie unfehlbar. Insofern der dialektische Materialismus die ökonomischen Gesetze der Gesellschaft aufdeckte und an Stelle des Schicksals das Geld setzte, gehörte er der Aufklärung an. Er ernüchterte die Welt auf eine heilsame Weise, seine Resultate in der freien Welt sind bedeutend und sogar die in jener Welt, wo er angeblich zur Herrschaft gekommen ist. Doch indem der Marxismus in seiner dogmatischen Observanz die durchschaute Gesellschaft wieder verteufelt und den Klassenkampf in sie projiziert, als Übel und Kampfmittel zugleich, statt den Kapitalismus als eine zwar grausame und unwürdige, aber natürliche Ordnung zu akzeptieren, um ihn dann, als das Gegebene, ins Menschenwürdige zu verwandeln, umzulisten, wenn man will, setzt er dieser fragwürdigen morschen Ordnung ein zu ideal entworfenes und daher nur unvollkommen funktionierendes System entgegen, eine Parteimaschinerie, die von der menschlichen Natur her stereotyp pervertiert wird: der Klassenkampf wird eingefroren, die neuen Klassen kristallisieren sich mit der Zeit zu Kasten. Weil der dialektische Materialismus, der doch zur Freiheit führen soll, seinen Utopien und seinem auf ein veraltetes wissenschaftliches Weltbild aufgepfropften System zuliebe die Parteimythologie nicht zu überwinden vermag und sich ihrer Unfehlbarkeit unterwirft, trotz aller Versuche, sie bisweilen zu leugnen, ordnet er sich wieder in das aristotelische Mittelalter ein, wird, was er seinen Gegnern vorwirft, reaktionär: wie die christliche Kirche das Christentum, führt die kommunistische Partei den Kommunismus ad absurdum. Beide werden beider größter Feind. Wie die Kirche die Christenheit hinderte, christlich zu werden, hindert die Partei die Kommunisten daran, kommunistisch zu sein. Man kann nun freilich einwerfen, ohne Kirche wäre die Christenheit nicht einmal zum Schein christlich und ohne Partei die marxistische Welt nicht einmal zum Schein kommunistisch geworden. Die Frage ist bloß, ob man nicht auf den Schein hätte verzichten können. Sicher nicht – der menschlichen Schwäche wegen.

## VIII

Ich gebe zu, das ist alles einseitig geredet, durchaus nicht profund, durchaus nicht ins Detail gehend, durchaus nicht differenzierend, durchaus nicht versöhnlich, eher bösartig, und es fragt sich, was ich mit diesem gewalttätig hingeworfenen Gemälde eigentlich bezwecke, was ich im Sinne führe, wenn ich die Entstehung all dieser geistigen Massive, Eisklötze, Gletscherzungen, Kulme und Felszinken, die ich da hingespachtelt habe, als Ergebnis eines einzigen geologischen Schubs aus dem Judentum heraus erkläre, ob ich als Schweizer, genauer, als Berner, als einer, der unter Bauern aufwuchs, für die ein Jude noch nicht etwas Ideologisches, sondern ein Viehhändler war, mit dem man Schnaps trank und Karten spielte, ob ich da nicht durchaus freundschaftlich und wohlmeinend, als Trost gedacht, den Hintergedanken hege, die Juden seien an allem schuld, auch an ihrem eigenen Unglück, um wiederum damit einen ebenso delikaten wie exquisiten Antisemitismus zu betreiben, braucht doch dieser nicht bloß primitiv zu sein, schleicht er sich doch auch behutsam heran, um tausend Ecken herum. Zugegeben, diese Möglichkeit würde vielleicht zutreffen, wenn es so etwas wie ein harmloses Denken gäbe, das anzupreisen wäre, ein Denken ohne Folgen, ein Denken wie das Schachspiel etwa oder die Ästhetik manchmal, doch Denken ist halsbrecherisch, falls es seinen Namen verdient, und wer Großes in Gang setzt, hat mit dem Schlimmsten zu rechnen. Auch die Juden fallen unter dieses Gesetz, vor allem sie, die stets gedacht haben, weil es für sie, im Gegensatz zu den Christen in gewissen Zeiten, noch gefährlicher war, nicht zu denken, statt zu denken. So mußte denn die geistige Dialektik, die das

Judentum auslöste, die Welt revolutionieren, als einer der vielen Faktoren, die dazu führen, daß die Verhältnisse hienieden sich ständig verändern, wenn auch nicht auszumachen ist, wohin diese Veränderungen noch führen. Die Zwangsläufigkeit, die wir in der Geschichte entdecken, legen wir erst nachträglich hinein. Was die Zukunft bringt, liegt im Ungewissen, allein deshalb, weil die Richtigkeit einer Analyse der Gegenwart nur durch die Zukunft bestätigt werden kann. Sogar ein gewitzigtes Volk wie das jüdische, scheinbar wie kein anderes befähigt, Katastrophen vorauszuwittern, konnte von den Vorgängen überrascht werden. Der natürliche Optimismus des Lebens war zu stark. Auch war das, was sich in den Jahren 1933–1945 mit dem deutschen Volk ereignete, so entsetzlich und widersinnig, daß es weder vorausgesagt noch vorausgesehen werden konnte, wenn auch nachträglich viele es vorausgesagt und vorausgesehen haben wollen, ebensowenig ist es mit dem Begriff faschistisch abzutun. Dieser Begriff ist heute zu vage geworden. Was sich ereignete, ist auch nicht aufs Ökonomische allein zurückzuführen, wie das immer wieder versucht wird. Sicher spielte es eine Rolle, wenn auch nur eine unter den vielen der die Katastrophe auslösenden Faktoren. Vielleicht gelingt es nur der Tiefenpsychologie, einige der Ursachen dieser Massenneurose aufzudecken; sicher, ein verlorener Krieg, eine mystische Reichsidee, verbunden mit einem Minderwertigkeitskomplex, mischten in der Teufelsküche mit. Doch diese ungeheuerliche Bewegung, die als ihren Erzfeind alles Exakte, Genaue, Begriffliche sah, die das Judentum als den intellektuellen Anreger des europäischen Geistes erwitterte, diese ins Ungeheuerliche ausgeweitete Dreyfusaffäre, diese völkisch emotionelle Bewegung, die auch die meisten der deutschen Intellektuellen in sich hineinsaugte – viele Schweizer mit eingeschlossen –, dieser Massenwahn, mit der Mythologie von Ratten behaftet, der sich ein Reich blonder Bestien gleich auf tausend Jahre hin erträumte, dieser irrationale Amoklauf erreichte mit der Vernichtung von Millionen von Juden gerade das Gegenteil dessen, was er mit der Endlösung, wie er sie nannte, zu erreichen suchte: den Staat Israel. So paradox es ist, Hitler ist die Berechtigung, daß es den Staat Israel gibt, wenn auch nur *eine* Berechtigung. Da der Nationalsozialismus das jüdische Volk zu einer Rasse erklärte – gleichgültig, ob es sich um orthodoxe, liberale, kommunistische, christliche oder atheistische Juden handelte –, weil er den an den christlichen Glauben gebundenen und damit unbewußt gewordenen Antisemitismus als das andersartige, der fingierten jüdischen Rasse entgegengesetzte Prinzip darstellte – unabhängig davon, daß seiner Entstehung nach das deutsche Volk wie jedes Volk ein groteskes Rassengemisch darstellt, kochte und kocht doch die Geschichte nun einmal Rassen und Völker in ihrem gewaltigen Höllenkessel zusammen –, indem so der Führer trotz allem an die Rassentheorie glaubte, wie er an die Hohlwelttheorie, an Richard Wagner und an die Astrologie glaubte, schweißte dieser größte aller Pfuscher unabsichtlich die Juden zu einer Nation zusammen. Die Vernichtungslager, wo jüdisches Volk unterging, ohne sich zu wehren, und der Aufstand des Warschauer Gettos, wo jüdisches Volk vernichtet wurde, indem es sich wehrte, diese zwei fürchterlichen Möglichkeiten, die einem Volk am Ende bleiben, forderten, damit sie sich nicht wiederholen, den jüdischen Staat. Der Wahnsinn erzwang seine Existenz, sicher, die Opfer dieses Wahnsinns errichteten ihn, den Überlebenden zum Vermächtnis, damit das

Opfer nicht vergeblich gewesen sei, wer zweifelt daran. Darum lebt denn dieser Staat nicht nur auf Grund seiner Ideologie, nicht nur auf Grund des Zionismus, nicht nur auf Grund einer Gedankenkonstruktion, die, so genial sie auch wäre, doch nur eine Gedankenkonstruktion bliebe – denn auch dem folgerichtigsten Gedankengebäude kommt nicht notwendigerweise Existenz zu –, sondern auch auf Grund einer grausamen Notlage, mehr noch, auf Grund der schrecklichen Unzulänglichkeit dieser Welt, auf Grund ihrer Anfälligkeit dem Unvoraussehbaren gegenüber: einen erhabeneren Grund, einen Staat zu gründen, mag es geben, einen notwendigeren nicht. Die Unberechenbarkeit der Geschichte berechtigt ihn, nicht ihre Berechenbarkeit, die nicht existiert. Hier wurde aus einer Ideologie durch den Verlauf, den die Geschichte nahm, eine Zwangsläufigkeit, so romantisch diese Ideologie auch anfangs scheinen mochte, hier verwandelte sich eine Idee in etwas Existentielles. Der Plan, den Staat Israel zu gründen, vermochte nur verwirklicht zu werden, weil ihn nicht nur Hitler, sondern die Verfolgungen unzähliger Jahrhunderte vorbereiteten und reifen ließen, bis er *wurde*, und nicht nur durch die Verfolgungen, auch dank einer nie aussetzenden Dialektik, die nie aufhörte, in Israel das Land des Ursprungs zu sehen, die dieses Land nie vergaß, die so, von der Diaspora her, die Voraussetzung schuf, Reste des jüdischen Volkes ins alte Land hinüberzuretten.

## *Zweiter Teil*

### IX

Fünfhundertsechsundachtzig vor Christi Geburt sah Nebusaradan, ein General Nebukadnezars, von seinem Zelt aus, auf seinem Lager hingerekelt, noch etwas benommen von der Sauferei der letzten Nacht, gemächlich und schläfrig zu, wie der Tempel Salomos, vierhundert Jahre vorher mit Zedern aus dem Libanon erbaut, in Flammen aufging, das uralte Holz brannte lichterloh; vier Jahre später hatte der Feldherr den letzten unabhängigen jüdischen Staat liquidiert. Zweitausendfünfhundertdreißig Jahre, mehr als hundert Generationen danach, wurde Israel neu gegründet, eines der abenteuerlichsten Unterfangen der Weltgeschichte, wenn auch nicht eines der unbedenklichsten. Ohne Folgen taucht ein Volk nicht so lange unter, wirkt im Untergrund des Geduldeten, es zieht nicht ungestraft durch all die Epochen die Vorurteile, das Mißtrauen und oft die Verachtung und den Haß der Völker auf sich. Es gibt nichts Unzuverlässigeres als ein schlechtes Gewissen, nichts, das schneller dahinschmilzt. Eine Völkerfamilie nahm Israel auf, die in einer schwachen Stunde ihren propagierten Idealen nachkam, im Überschwang der Gefühle, ahnungslos, daß das Öl einmal wichtiger werden würde als die Ideale. Im Augenblick, als Israel wurde, griffen die Araber an. Ihm gegenüber war nicht nur eine antisemitische oder antizionistische, also ideologische

Feindschaft möglich, sondern auch eine existentielle. Was entsteht, braucht Raum, wer sich ausbreitet, verdrängt. So wie es einer Theorie zufolge im Weltraum nicht nur ungeheure Kraftfelder gibt, die ihre Umgebung in sich hineinziehen, ins Nichts sozusagen, so gibt es nach anderen Theorien auch Kraftfelder, wo das Umgekehrte geschieht, diese kosmischen Gebärmütter stoßen gleichsam aus dem Nichts Sterne in den Raum. Doch von diesem Augenblick des In-den-Raum-Schießens an ist der entstandene Stern zwangsläufig den gleichen Naturgesetzen unterworfen wie andere Sterne: einmal entstanden, wurde Israel ein Staat wie andere Staaten. Aus einem Sonderfall wurde ein Normalfall. Aus der Unberechenbarkeit der Weltgeschichte heraus geboren, wurde der jüdische Staat in ihre Unberechenbarkeit zurückgestoßen, und was notwendigerweise entstanden ist, besteht nicht mit gleicher Notwendigkeit weiter. Druck erzeugt Gegendruck, Nachbarschaft Mißtrauen, Macht Furcht, Erfolg Neid, auch fällt er den Zufälligkeiten und den Launen der Geschichte zum Opfer, den hinfälligen Konstellationen, der Instabilität der Verhältnisse, der Irrationalität der Beweggründe, den Fehlspekulationen der Verständigen und den Einfällen der Verrückten. Was zur Rettung des jüdischen Volkes geplant und mit Mut und Erfindungskraft durchgeführt wurde und mit unsäglichen Opfern verbunden war, kann den Untergang dieses Volkes herbeiführen. Es ist nicht nur durch die Staaten bedroht, die es umgeben und nie anerkannt haben, auch durch sich selbst, weil erst mit dem jüdischen Staat die jüdische Dialektik Gefahr läuft, sich aufzuheben. Das jüdische Drama ist nicht zu Ende, es beginnt von neuem. War vorher das Volk zu retten, ist nun die Rettung zu retten, ein vielleicht noch schwierigeres Unterfangen, denn es ist an eine Bedingung geknüpft, die nicht zu umgehen ist, soll es gelingen. Jede nicht existentielle Auseinandersetzung ideologischer Art ist sinnlos, und nur eine existentielle Auseinandersetzung hat Sinn: jene nämlich, die stattfand und noch stattfindet zwischen der existentiell notwendigen Geburt des Staates Israel und den Einwohnern des Landes, in welchem der Staat Israel sich materialisierte, unglücklicherweise mitten in der arabischen Welt, die nicht minder ideologisch und emotional ist als seinerzeit die europäische, mitten in Völkern, die sich untereinander nicht minder mißtrauen. Nur hier steht Naturrecht gegen Naturrecht, steht Heimat gegen Heimat. Für die arabische Welt ist der Staat Israel nicht nur ein echtes politisches Problem, wie ich zugebe, nicht nur ein neurotisches, wie ich befürchte, indem Israel das Haßobjekt darstellt, das allein diese Welt immer wieder notdürftig zu einen vermag, sondern darüber hinaus ein religiöser Konflikt, der dem jüdischen Volk wieder die Problematik aufzwingt, der zu entkommen es seinen Staat gegründet hat.

## X

So unumgänglich es ist, auf den religiösen Hintergrund des Konflikts hinzuweisen, in den der jüdische Staat und wir mit ihm verwickelt sind, so ungern nehmen wir davon Kenntnis. Wir neigen dazu, Konflikte zu rationalisieren, wenn möglich auf politische und weltanschauliche Formeln zu bringen, um mit gutem Gewissen Stellung beziehen zu können, je nach unserer Überzeugung, sei es für die Ordnung, für die Demokratie, für den Sozialismus usw.

Doch wenn die Religion ins Spiel kommt, wird es ungemütlich, genierlich eigentlich: läßt man diesen Grund gelten, werden wir unsicher, selbst politisch vernünftige Vorschläge scheinen fragwürdig, utopisch. Die Religion ist für uns etwas Persönliches und daher politisch Irrelevantes geworden. Das Religiöse, um dieses anrüchige und nebulöse Wort zu gebrauchen, ist für uns nicht mehr die Angelegenheit des Staates; wenn er auch die Religion mehr in Schutz nimmt, als sie, hätte sie etwas Stolz, zulassen dürfte, wenn auch der Staat die Religion bloß toleriert – sei es aus psychologischer Rücksicht, sei es aus Tradition, weil für ihn das Religiöse ein ehrwürdiges Brauchtum darstellt, das es zu erhalten gilt, wie man Kunstdenkmäler erhält, Volksfeste, Trachtenumzüge und Fahnenschwingen –, so sollte es die Religion beleidigen, nähme sie sich ernst, und noch bitterer kränken, wenn sich der Staat ihrer aus ideologischen Gründen bedient, wie etwa der spanische, was zu der Groteske führt, daß der Staat, sich zu retten, katholischer wird als die Kirche, die den Staat schon verloren sieht. Die Behauptung, Spanien, die Bundesrepublik oder die Schweiz usw. seien christliche Staaten oder die CDU sei eine christliche Partei oder die schweizerische oder österreichische Volkspartei, ja, Israel sei ein religiöser Staat, der doch in der jüdischen Religion seinen Ursprung besitzt, hat etwas Blasphemisches, weil nach unseren Vorstellungen die Religion nicht auf Institutionen bezogen werden kann. Der Staat weist keine religiöse Funktion auf – für mich auch nicht die Kirche. Er hat eine technisch neutrale Aufgabe zu erfüllen, als abgestecktes Spielfeld mit festgesetzten Regeln, auf dem sich das Leben eines Volkes abspielt, wie auf einem Fußballfeld meinetwegen. Er ist nichts als eine Institution, welche die Rechte jedes einzelnen garantiert und seine Pflichten festlegt, gleichgültig, woran jemand glaubt oder nicht, oder auch nichts als eine bloße Ordnung, wenn man will, die, ist sie nicht mehr den Verhältnissen angepaßt, ihnen angepaßt werden kann. Doch geraten wir hier in Schwierigkeiten. Unwillkürlich. Wir sehen im Staat nicht eine unveränderbare, sondern eine veränderbare Konzeption, aber wir halten ihn unbewußt doch für unveränderbar, für gottgegeben, obgleich wir nur noch vage an einen Gott glauben, vager als vage, bloß noch als Redensart. Wir halten instinktiv den Staat für etwas Objektives, vom Menschen Unabhängiges, auch wenn wir das Gegenteil behaupten, und machen ihn damit zu etwas Irrationalem, zum Gott, den wir abgeschafft haben, für tot erklärt, ahnungslos, daß wir nun einmal einen Ersatz für das einst Gottgegebene, Schicksalsmäßige brauchen, einen Staat, eine Partei, Instanzen, denen wir uns beugen, als seien sie vom Menschen unabhängig. Offenbar weil der logische Begriff des Staates sich mit dem subjektiven Gefühl, das wir für ihn aufbringen, nicht deckt. Was wir fühlen, gehört zu unserer Existenz – auch das Religiöse, auch das Instinktive, Angeborene, Atavistische, und sei es nur noch ein dämmerhafter Schatten in uns, ein unbewußtes Fühlen – als etwas Verdrängtes, Unausgesprochenes, vom Verstande nie Gestelltes, nie von ihm Reflektiertes. So ist denn in unserer politischen rationalen Welt das Irrationale das Unbewußte und damit das Unberechenbare, die Angelegenheit des Einzelnen eben, und sofern sich dieser Einzelne summiert, zum unbestimmten Faktor ausweitet, wird das Religiöse etwas, das gänzlich außerhalb dessen liegt, mit dem wir spekulieren und Politik treiben, es macht gleichsam unabhängig von uns Politik, es sei denn, wir lassen das Rationale fallen und das Irrationale einbrechen, gehorchen diesen Imponderabilien, sehen zu, wohin wir damit geraten. So stehen wir den religiösen Konflikten hilflos gegenüber, wir, die Intellektuellen, aber auch wir, die Ideologen, um so mehr, da wir, gewohnt, alles rational mit den politischen Begriffen zu begründen, die uns zur Verfügung stehen, das Religiöse als einen politischen Faktor nicht einmal zur Kenntnis nehmen wollen, was dazu führt, daß für viele der Nahostkonflikt nichts als einen Konflikt zwischen dem arabischen Sozialismus und dem jüdischen Kapitalismus darstellt, auch wenn Israel wohl das weitaus sozialste Gebilde dieses Weltwinkels darstellt und Saudi-Arabien und die Emirate die kapitalistischsten Staaten der Welt überhaupt sind. Wenn aber der Staat Israel inmitten des Islam errichtet worden ist, und das nicht irgendwo an seiner Peripherie, vielmehr dort, wo der Islam inspiriert wurde, ist doch der Urvater der Muselmanen derselbe wie der der Juden, Abraham, und ist doch über dem Berge Moria, wo Abraham Isaak opfern wollte und später der Tempel stand, die Omar Moschee errichtet, ritt doch Mohammed von einem Mauervorsprung des zerstörten Tempels auf seinem Roß El-Burak durch die sieben Himmel zu Allah, der neugierig war, seinen endgültigen Propheten zu sehen; ist es so, daß auch der Islam nicht ohne das Judentum denkbar ist und wie das Christentum sich aus ihm entwickelte, ist das alles so, dann ist auch das Religiöse wichtig und damit der Islam, falls er in den Staaten, die Israel umgeben, noch wichtig ist; und daß der Islam wichtig ist, wichtiger als die sozialistischen Spruchbänder, womit sich diese Staaten behängen, entscheidender als die marxistischen Schlagworte, die sie heulen, existentieller als all diese weltanschauliche Tünche, womit sie sich beklecksen, ist es also so, daß der Glaube wichtiger ist, entscheidender, eingreifender, begeisternder für diese Menschen, dann ist auch nicht zu bezweifeln, daß jeder dieser Staaten vor allem dem Islam Rechnung tragen muß, bricht doch jeder dieser Staaten weit eher mit dem Marxismus als mit dem Islam, kommt es zur Konfrontation oder erweist sich der Marxismus nicht mehr als notwendig, das Weltgewissen aufzurütteln, und ist es immer wieder zum Bruch mit dem Marxismus gekommen und kommt immer wieder zum Bruch, wenn die marxistische Tarnung ihren Zweck erfüllt hatte und hat und erfüllt haben wird. Die marxistischen Opfer des Islam sind vergessen, sie verfaulen im Schatten der Weltpolitik.

## XI

Darum offenbar, viel entscheidender als der oberflächliche Einfluß der marxistischen Lehre auf den Nahen Osten, stellt sein Konflikt mit dem jüdischen Staat die Auseinandersetzung des Islam mit der Moderne dar, mit einem Neuen, das er im jüdischen Staat verwirklicht sieht. Nicht als Importware, nicht als Riesenstaudamm, den fremde Ingenieure errichten, oder als Ölraffinerien usw., sondern als Selbstverwirklichung eines Volkes inmitten von Völkern, die keine andere Gemeinsamkeit haben als ihren alten Glauben, die sich schon uneins sind, welche politischen Formen Europas, die sich doch so anders herangebildet haben, sie übernehmen oder ablehnen wollen, die Demokratie, den Sozialismus, den Kommunismus, den Faschismus oder überhaupt keine dieser Formen. So tritt, idealisieren wir diesen Konflikt, dem einzigen Element, das diese

Völker verbindet, wenn auch nicht eint, ihrem Glauben nämlich, mit Israel der schöpferische Zweifel gegenüber, ihrer Hoffnung die Erfahrung, ihrer Ergebenheit die Aktivität – eine Herausforderung eines Glaubens, die nicht bedeutender erfunden werden könnte. Schon der Schauplatz dieser Begegnung ist ehrwürdig. In der Fremde verwandelt, von so vielen Jahrhunderten geprägt, endlich zurückgekehrt in ihre alte Heimat, finden die Juden jene vor, die einst den alten Glauben dieses Landes wie herrenloses Gut übernommen und durch ihr Denken umgewandelt haben. Denn der Islam ist noch entschiedener eine jüdische Sekte als das Christentum, wenn er auch von diesem die Internationalität übernahm. Er gründet so sehr, so fast ausschließlich in jüdischen Vorstellungen und Mythen, daß er in vielem mit dem Judentum identisch ist. Mohammed sah sich vermutlich als Messias. Er ist denn folgerichtig und im Geiste des Judentums von den Muslimen nie als Gott betrachtet worden, wenn sie ihm mit der Zeit auch viele Wunder zuschrieben, damit er Jesus überträfe, in welchem Mohammed seinen Vorgänger sah; aber auch Moses, Abraham und Adam wurden als Propheten anerkannt. Mit Jesus hat Mohammed freilich nichts Gemeinsames. Die Gestalt des Zimmermanns aus Nazareth verliert sich im Transzendenten, nicht umsonst ist die Frage aufgetaucht, ob er überhaupt gelebt habe; was sich geschichtlich ausmachen läßt, ist wenig, er lebte und lehrte nicht gegen, sondern für das Judentum; die Verkündigung des Gottesreiches als etwas Reales, ja Politisches, als ein Reich der Gerechten, war eine alte Tradition im religiösen Leben seines Volkes, auch Jesus stellte sich dieses Gottesreich wohl ursprünglich als ein ideales jüdisches Staatswesen vor, durchaus nicht als ein Reich, das nicht von dieser

Welt war. Wohl läßt sich aber Mohammed mit Paulus und mit Karl Marx vergleichen. Brach Paulus mit dem Judentum, dachte Marx es um, vereinfachte es Mohammed. Nun sind Vergleiche zwischen Religionsstiftern ebenso heikel wie zwischen Religionen. Die Schwierigkeit, vor der Paulus stand, ist eine andere als jene, die Mohammed zu lösen hatte, und Karl Marx fand sich wieder einer anderen Situation gegenüber. Jeder stiftete eine monotheistische Weltreligion, auch Marx, nur daß er an Stelle Gottes die Materie setzte. Daß der Begriff Materie ebenso unbestimmt ist wie der Begriff Gott, spielt keine Rolle; die Begriffe ändern sich, Marx konnte unter der Materie unmöglich das verstehen, was wir unter ihr verstehen. Wichtig sind allein die Beziehungen der Begriffe zueinander. Indem sich die Juden als Volk Gottes begriffen, wurde die Beziehung zwischen Gott und seinem Volk als etwas Persönliches aufgefaßt, als ein Bund, der nicht zwangsläufig, sondern in Freiheit geschlossen wurde. Der dialektische Scharfsinn des Paulus löste zwar den Bund Gottes mit seinem Volk auf, weil er ihn zu einem Bund Gottes mit den Menschen umdeutete, aber am persönlichen Verhältnis des Einzelnen zu Gott und umgekehrt am persönlichen Verhältnis Gottes zum Einzelnen hielt er fest, er ließ die Freiheit bestehen, indem er sie erweiterte, weshalb er denn auch das Gesetz zertrümmern konnte, die Bedingung des Bundes Gottes mit seinem Volk. Mit Jesus, dem Menschen, befaßte sich Paulus nicht mehr, sonst wüßten wir wohl mehr von jenem, ihm war nur noch Jesus als der Wiederauferstandene, ihm Erschienene, Jesus als Christus wichtig: Indem Gott sich kreuzigen ließ, wurde die menschliche Freiheit manifestiert, das eigentliche christliche Paradoxon: ihrer Freiheit zuliebe durften die Menschen Jesus töten und wurden somit durch ihre schlimmstmögliche Sünde erlöst. In Paulus, in diesem Asketen und Frauenfeind, dem jede Sinnlichkeit ein Greuel war, schlägt die jüdische Dialektik in die christliche Dogmatik um. Was nach Paulus kommt, ist nur noch christliches Dogma. Die Erlösung, die der Christenverfolger, der Pharisäer Paulus an sich erfuhr, existentiell, indem er *Ihn* erblickte und vom Pferde stürzte, wurde etwas Mechanisches, durch einen Kult herbeizuzaubern; nicht mehr ein Mensch Judas verriet Jesus und mit ihm alle Menschen, sondern Judas allein, der Jude, nicht mehr die Menschen und mit ihnen alle Menschen hatten Jesus gekreuzigt, sondern die Juden, die Gottesmörder: zwischen Paulus und seinen menschgewordenen Gott schob sich die Kirche, ihr Grundverbrechen. Mohammed dagegen war ein religiöser Praktiker, nicht der Neuschöpfer einer Religion, mehr ein Nachschöpfer, ein schöpferischer Plagiator zweier Religionen, gleichermaßen begabt als Kaufmann, Politiker, Krieger, Ideologe und Frauenliebhaber, doch nicht minder erfolgreich als Paulus. Die außerordentliche Kraft des Islam liegt nicht wie die des mittelalterlichen Christentums in einer komplizierten Metaphysik und in den magischen Künsten der Kirche, die über kultische Gnadenmittel und Bannflüche verfügt, die armen Sterblichen ins Paradies zu befördern oder ins ewige Feuer zu verdonnern, sie liegt in der stupenden Einfachheit eines Glaubens, der diesen ebenso geeignet für den Armen wie für den Reichen, für den Mächtigen wie für den Ohnmächtigen macht. Was Paulus durch die Dialektik erreicht, gelingt Mohammed durch die Synthese, denn auch das Christentum simplifizierte er. Von den Juden übernahm er das Gesetz in reduzierter Form und machte es damit praktikabler, bei den Christen leuchteten ihm die

Auferstehung nach dem Tode und das Jüngste Gericht ein. Auch im Paradies fand er Wohlgefallen. Er wandelte es phantastisch ab, durchaus aufs Sinnliche, Plastische hin. Ebenso imponierte ihm die Hölle. Er suchte sich seinen Glauben als Menschenkenner zusammen. Er setzte Furcht und Hoffnung ein, Unduldsamkeit und Duldung, Grausamkeit und Milde. Aber Allah spielte ihm einen Streich: allmächtig und allwissend zugleich, ließ dieser weder die Freiheit noch den Zufall zu, die Welt wurde determiniert. Wie im alten persischen Glauben wurden der Gute, der Schlechte, der Reiche, der Arme, der Mächtige und der Ohnmächtige, der Heilige und der Verbrecher, ohne daß sich Mohammed dessen wahrscheinlich bewußt war, vorbestimmte Schachfiguren des irdischen Spielbretts, über welchem Allah in seiner Erhabenheit seine Züge überdenkt, sich die Ewigkeit zu vertreiben; dem Menschen blieb nichts anderes als die Ergebenheit in den unerforschlichen Willen, der ihn herumschob, aus dem Spiel nahm oder im Spiel ließ, es blieb ihm nichts anderes übrig, als auf Barmherzigkeit zu hoffen, darauf, daß er aus einem unerfindlichen Grunde nicht auf der vorausbestimmten Liste der Verdammten stand. Indem Mohammed die jüdische Religion vereinfachte, zerstörte er die irrationale Freiheit, die dem Judentum in seinem persönlichen Bund mit seinem Gott innewohnt, die aber auch deutlich macht, was die metaphysische christliche Annahme, Jesus sei Gottes Sohn, ursprünglich meint: Weil der Abstand zwischen Gott und dem Einzelnen unendlich ist, versucht sie ein Zwischenglied einzufügen, Gottes Sohn eben, der die menschliche Freiheit einem sonst allzu mächtigen und fürchterlichen Gott gegenüber aufrechterhält. Im Judentum erfüllte diese Funktion Gottes Volk, nur notdürftig freilich, vermag doch ein Volk auserwählt, aber nicht schuldlos zu sein wie ein Sohn Gottes. Der Muslim dagegen steht wieder schutzlos Allah gegenüber, schutzloser noch als der Jude. Der Glaube des Islam an die Prädestination dagegen entspricht dem Glauben an die Determination, an der der klassische politische Materialismus festhält. Da Marx im Zeitalter des mechanistischen Weltbildes aufgewachsen war, das alles determinierte, das nichts als die Kausalität kannte, indem er in der Hegelschen Dialektik das kausale Prinzip sah, nach welchem sich die Gesellschaft entwickelte, vorausberechenbar wie die Konstellation der Planeten, extrahierte Marx die Freiheit aus der Politik, notgedrungen, da sie in der Natur nicht existierte, doch nicht um eine Freiheit zu zerstören, die es ja nicht gab, sondern um irgendwann einmal in der Zukunft das Unmögliche möglich zu machen, die absolute Freiheit, die Freiheit für die Allgemeinheit nämlich, nicht für das Individuum, auch das folgerichtig, würde doch dieses einmal im Allgemeinen aufgehen und hätte deshalb seine Individualität nicht mehr nötig: am Ende steht die Anarchie als erhabene Utopie. Für Marx ist die politische Freiheit nur ein Privileg der herrschenden Klasse; für die, welche in seinem Namen heute regieren, leider auch die geistige Freiheit; für jene dagegen, die an ihn glauben, wirkt der ›endzeitliche‹ Marx, der Verkünder der absoluten Freiheit, sie werden Anarchisten. Ihre Gewalt ist als Prinzip ebensowenig zu widerlegen wie jenes der Gewaltlosigkeit, das etwa bei uns die Bibelforscher predigen. Betrachten wir die Anarchisten als bloße Kriminelle – daß sie es vor dem Gesetz sind und unter das Gesetz fallen, ist eine andere Sache –, machen wir uns über die Bibelforscher lustig, obgleich Tausende von ihnen in den Konzentrationslagern umkamen. Der Glaube bringt Märtyrer und Schlächter hervor. Wer die Endzeit erwartet, ist zu ungeheuren Leiden, wer sie herbeiführen will, zu ungeheuren Verbrechen fähig. Außerdem drängt sich noch ein anderer Zusammenhang auf. Ist die Weltgeschichte durch den Klassenkampf determiniert, der auf ein Endziel hinstrebt, wo er zur Ruhe kommt, in die Anarchie mündet, entspricht diese Ansicht dem Entropiesatz der Physik, dem Bestreben der Materie, den Zustand der größten Wahrscheinlichkeit zu erreichen, den Zustand der größten Unordnung also, eine Entwicklung, die ebensowenig umkehrbar ist wie die, welche die Weltgeschichte einschlägt. Wobei freilich offenbleibt, was nach dem Wärmetod des Weltalls, wohin die Entropie führt, noch kommt, wenn überhaupt etwas kommt; ebenso wie es ungewiß ist, was nach der klassen- und staatenlosen Gesellschaft sich weiterhin zutrage, haben wir Pech, fängt das Ganze wieder von vorne an, und Pech haben die Welt und die Menschheit ja meistens. Wie es auch sei, der Einzelne kann sich dieser allgemeinen Entwicklung nur fügen, es bleibt ihm nichts anderes übrig als mitzumachen, seine Existenz hat nur einen Sinn für ihn als Mitglied eines Kollektivs, als Mitglied der Partei, durch deren Vormarsch der Sinn der Weltgeschichte erfüllt wird, so wie der einzelne Muslim nur als Mitglied aller Muslime einen Sinn bekommt: das Schwert des Islam wurde stets zur Ehre Allahs geschwungen. Der Islam und der Marxismus sind Kollektivreligionen, der Individualist wird im Marxismus ein Reaktionär und der Nichtmuslim im Islam ein Ungläubiger, auch wenn er an etwas glaubt. Damit werden aber der Islam und der Marxismus in einen Gegensatz getrieben. Es ist ein existentieller Unterschied, ob die Determination von einem metaphysischen Gott oder von der Materie gesetzt wird, ob, wie es Mohammedaner strengster Observanz tun, nicht einmal die Naturgesetze anerkannt werden, weil sie Gottes Allmacht einschränken, oder ob man nur Naturgesetze anerkennt, auch in der Politik, ob man sich Allah fügt oder einer Partei, die gleichsam das Organ darstellt, womit die Materie denkt. Ein Glaubenskrieg bereitet sich vor, den die Kommunisten unterschätzen, ja, weil sie ihre Religion überschätzen, oft noch gar nicht ahnen, rüsten sie doch hemmungslos ihre zukünftigen Gegner auf. Beide sind gleichwertig. Beide handeln aus Fatalismus, wenn sie handeln, dulden aus Fatalismus, wenn sie dulden, wissen sich eins mit dem Weltgesetz. Bei Juden und Christen ist dem Weltgeschehen ein Körnchen Freiheit beigemischt, sei es nun aus Glauben oder gedanklicher Schlamperei, so werden sie schuldig, wenn sie handeln, und dulden, weil sie schuldig geworden sind. Der Jude und der Christ stehen immer im Unrecht Gott gegenüber, das verbindet sie, der Muslim und der Kommunist handeln mit Recht, gemäß Allahs Willen der eine, gemäß dem immanenten Gesetz der Gesellschaft der andere. Eine Betrachtung, die an sich unnütz wäre, hätte sie nicht einen so ärgerlichen Hintergrund, die ständige Ausrede nämlich, es sei geschichtlich notwendig gewesen oder notwendig, womit die Kommunisten ihre Verbrechen begründen, sei es nun ihr Pakt mit Hitler, der Einmarsch in die Tschechoslowakei oder ihre Haltung, die sie dem Staat Israel gegenüber einnehmen, analog der Behauptung, daß der Islam, handle er politisch oder kriegerisch, dem Willen Allahs gemäß vorgehe.

## XII

Jede Religion und jede Kultur, rational betrachtet, ist irrational. Auch der Islam. Der Sinn für seine Größe ist uns verlorengegangen, sein Erfolg nur zum Teil damit erklärbar, daß er gleichzeitig eine religiöse und eine politische Ideologie darstellt. Das Erstaunliche sind nicht seine Waffentaten; was unsere Bewunderung verdient, ist ihre Verwandlung in eine Kultur. Sie entstand nicht aus dem Glauben allein, in ihr verschmolzen alte Hochkulturen mit etwas Neuem. Das Neue war eine Sprache. Nicht umsonst ging es in einem theologischen Streit des Islam darum, ob der Koran erschaffen oder unerschaffen sei, der Kalif al-Mutawakkil entschied sich für den unerschaffenen Koran. Die arabische Sprache wurde die Sprache Allahs. Doch waren für die einfache religiöse Botschaft, die diese Sprache vermittelte, die Völker, die erobert wurden, schon vorbereitet, die christlichen durch den Monophysitismus, der Rom und Ostrom gegenüber daran festhielt, daß es trotz Christus nur eine göttliche Natur gebe, Persien durch die iranische Staatskirche, welche die Lehre Zarathustras restauriert hatte, Ormuzd und Ahriman einander ewig gegenübersitzend, einander anglotzend, das Gute und das Böse. Die Inkubationszeit des Islam war deshalb, verglichen mit jener des Christentums, nur unbedeutend, waren doch im Orient die religiösen Ansichten des Hellenismus im siebenten Jahrhundert nach Christi in zahlreichen Sekten lebendig, die Antike durch das mächtige oströmische Reich, wenn auch versteinert und christlich umideologisiert, noch vorhanden, das mächtige persische Reich der Sassaniden mit seiner raffinierten Kultur begriff sich gar als Fortsetzung des alten Reichs der Achämeniden, des Reichs des Kyros, Dareios und des Xerxes. Während in Westeuropa das Christentum, als es dreihundert Jahre vorher offiziell anerkannt wurde, die Ideologie eines auseinanderfallenden Imperiums geworden war und, als dieses Imperium im Westen unterging und sich in seine Provinzen auflöste, die barbarischen germanischen Reiche mühsam zivilisieren mußte, wurde der Islam von der Umwelt zivilisiert, in die er, abenteuerlich genug, einbrach. Die Christen hatten es mit Barbaren zu tun, die Muslime, als Barbaren betrachtet, mit Hochkulturen. Aber der Islam war von einer seltenen Konstellation begünstigt. Nicht einmal fünfzig Jahre nach dem Tode Justinians brach das oströmische Imperium zusammen, die Slawen überschwemmten den Balkan, die Perser Anatolien. Sie schlossen mit den Awaren Konstantinopel ein. Elfhundert Jahre nach Salamis schien die persische Niederlage gerächt. 610, als der Erzengel Gabriel Mohammed die erste Sure offenbarte, so mächtig, daß dessen Leib geschüttelt wurde, ließ in der belagerten Stadt der Armenier Herakleios dem oströmischen Kaiser Phokas, einem ehemaligen halbbarbarischen Centurio, den das Volk zum Herrscher gewählt hatte und dessen Tyrannei das Reich zugrunde gerichtet hatte, die Geschlechtsteile abschneiden, ihn häuten und endlich verbrennen. Nur der Papst trauerte dem Gestürzten nach. Der neue Kaiser, von seinen Gegnern unterschätzt, begann vorsichtig, das griechische Imperium wiederherzustellen, indessen der Prophet nach Medina flüchtete und Juden und seinen Stamm bekämpfte, ohne daß der Engel Gabriel ihn im Stich ließ, im Gegenteil, die Offenbarungen setzten nicht aus. Herakleios gelang das Unmögliche, noch 626 schien die Lage hoffnungslos, die Perser und Awaren umzingelten aufs neue Konstantinopel,

628 war das persische Riesenreich besiegt, der Großkönig Chosroes II. ermordet. Doch dem Angriff der Araber war Herakleios nicht mehr gewachsen. Das Christentum hatte alle seine Feinde besiegt, es war nur noch sein eigener Feind. Der Angriff der Araber traf es unerwartet und unvorbereitet: die Araber erschienen wie aus dem Nichts. Sie brachen zwei Jahre nach dem Tode des Propheten aus ihrer Wüste hervor, im Besitz der Wahrheit, mit dem heiligen Auftrag, die Welt zu erlösen. Ihre beweglichen Reiterheere trieben die verblüfften und schwerfälligen byzantinischen Söldnerarmeen zurück. 641 starb Herakleios, im gleichen Jahr wurden seine Frau und sein Sohn gestürzt. Seiner Frau wurde auf Befehl des Senats die Zunge, Heraklonas die Nase abgeschnitten. Das Debakel war allgemein. Eine Provinz um die andere mußte den Arabern überlassen werden, ohne daß sie freilich je Anatolien, das Gebiet der heutigen Türkei, auf die Dauer zu erobern vermochten, geschweige denn Konstantinopel. Die arabischen Flotten verbrannten 678 im griechischen Feuer: Scheiterten die Araber an den Oströmern, deren ausgeklügelte Grausamkeit ihnen fremd war, vermochten ihnen dagegen die erschöpften persischen Truppen nicht zu widerstehen, das Reich der Sassaniden fiel dem Islam samt dem heutigen Usbekistan zu. Innerhalb eines Jahrhunderts eroberte der Islam seine wesentlichen Gebiete, neben Persien fielen Ägypten, Nordafrika, Spanien und Teile Indiens. Hundert Jahre nach dem Tode des Propheten schlug Karl Martell eine unbedeutende arabische Expedition bei Poitiers, sein Sieg wurde von der Christenheit als Befreiung des Abendlandes gefeiert, dessen Eroberung nicht geplant war: So groß war die Furcht vor dem neuen Glauben. Achtzehn Jahre später rieben die Muslime das

letzte nach Zentralasien geschickte Heer der Chinesen auf; seitdem machten diese keinen Versuch mehr, das Gebiet zu beherrschen. Der Islam weitete sich aus wie eine Supernova, es ging zu wie in *Tausendundeiner Nacht,* aber die Araber konnten mit dieser Entwicklung ins Grandiose nicht Schritt halten. Sie waren Beduinen, lebten von der Beute, gierig nach neuer Beute, im Riesenreich eine kleine Minderheit. Die Länder, die sie überfielen, erkannten bald die Nützlichkeit der neuen Religion für ihre eigene Macht, um so mehr als sich die Araber entzweit hatten, entsprach doch den Streitigkeiten, die unter den Christen über die Natur Jesu ausbrachen, im Islam der Zwist, welche von den Kalifendynastien die rechtmäßige sei. Da Mohammed viele Frauen, aber keine Söhne hatte, waren bei so verwickelten Familienverhältnissen die genealogischen Auseinandersetzungen nicht minder knifflig als die metaphysischen christlichen. Der Kampf um die Nachfolge des Propheten war im ersten Jahrhundert eine arabische Fehde im Stamm der Koraischiten, zwischen Umaiyaden und der Familie des Propheten. In der Kamelschlacht bei Basra feuerte Mohammeds Lieblingsfrau ihre Anhänger gegen die Verbündeten ihres Schwiegersohns Ali an, kreischend verhallte ihre Stimme in der unsäglichen Hitze der Wüste, ihr Gatte erhörte sie nicht, im Paradies nicht mehr mit irdischen Angelegenheiten beschäftigt, traurig zog sich die Witwe zurück. Sein Schwiegersohn, der letzte rechtmäßige Kalif, wurde später ermordet; zwanzig Jahre nach ihm kam sein Sohn Husain in Kerbala jämmerlich um. 750 ging das arabische Großreich unter. Abdallah, Statthalter von Syrien, rottete die Umaiyaden aus, die sich einst in Mekka Mohammed widersetzt hatten, nur wenige entkamen. Das Gemetzel fand während eines Versöhnungsmahles statt, durch die Schlächterei nur kurz unterbrochen, Teppiche sollen über die Ermordeten gebreitet worden sein, um weitertafeln zu können; selbst die Leichen einiger Kalifen wurden ausgegraben und verbrannt. Doch regierten unter den Abbasiden, die das Gemetzel angeordnet hatten und nun die Macht ergriffen, unter Abu al-Abbas, unter al-Mansur, Harun al-Raschid, al-Mammun usw., die sich von Abbas ableiteten, einem Onkel des Propheten, in Wirklichkeit die Perser. Sie verachteten die Araber als Barbaren. Persische Kultur, Sitten und Moden begannen zu herrschen, die Gebildeten redeten persisch wie einst die Römer griechisch. Die Hauptstadt wurde von Damaskus nach Bagdad verlegt, auf persisches Gebiet, nicht weit von der Hauptstadt der Sassaniden, Ktesephon. Waren das Vorbild der Abbasiden die sassanidischen Großkönige, so war ihr Schicksal jenes der römischen Kaiser: sie fielen ihrer Leibgarde zum Opfer. Diese Truppe rekrutierte sich aus türkischen Stämmen, die aus dem Inneren Asiens eindrangen, Gastarbeiter der Gewalt. Die heiligen Kalifen wurden Sklaven von Sklaven. Ihre Macht zerfiel; mit den griechischen Kaisern standen sie auf Duzfuß: gleich und gleich gesellt sich gern. In Ägypten gründeten die Fatimiden ihr Reich, sich auf Fatima berufend, Mohammeds Lieblingstochter, in Spanien herrschten die letzten Umaiyaden. Das arabische Großreich spaltete sich wie einst das römische Imperium in einen östlichen und in einen westlichen Teil, in einen persischen, in den immer mehr Türken hereinsickerten, und einen arabisch-berberischen. Das Mutterland des Islam verarmte wieder, die unermeßliche Wüste verschluckte den Reichtum, Palästina sank in Vergessenheit. Jerusalem wäre eine unbedeutende Provinzstadt geblieben, wäre es nicht durch die christliche Ideologie der Kreuzzüge aufgewertet worden, durch die barbarische Invasion abendländischer Abenteurer in den zivilisierten Osten. Wahnwitzige christliche Gläubige wälzten sich in Massen aus Frankreich, Italien, Deutschland und England über den Balkan und Ostrom dem Heiligen Land zu, aber auch Mordbrenner und Halunken, von denen einige gekrönt waren, Unzählige fanden den Tod, Byzantiner, Muslime, Juden. Die Christen waren schlimmer als die Pest. Nach zweihundert Jahren endete der Irrsinn, mit dem einzigen politischen Resultat, daß die Christen mit der sinnlosen Eroberung Konstantinopels sich selbst kastriert hatten, die Stadt war niedergebrannt worden, der Palast Konstantins des Großen zerstört, die kostbaren Bibliotheken vernichtet. Fünfundzwanzig Millionen Tote kosteten die Kreuzzüge, geführt auf Wunsch der Kirche, doch so grauenhaft sie waren: die heiligen Expeditionen hatten die Welt des Islam nur am Rande beschäftigt, nur am Rande erschüttert, im unbedeutenden Palästina eben, politisch eine Angelegenheit der ägyptischen Aijubiden; kaum daß man in Bagdad Notiz davon nahm, in Chorasan, Taschkent, Indien und Córdoba beschäftigte man sich mit Philosophie, der Islam war nicht mehr eine politische Einheit wie in seinem ersten Jahrhundert, kein Gottesstaat mehr. Auch die Fiktion einer islamischen Kultureinheit ließ sich nur noch notdürftig aufrechterhalten. Im Iran hatte sich längst wieder eine eigene Kultur entwickelt, schrieben die Dichter wieder persisch, auch hatten die Seldschuken, ein türkisches Volk, ihr Reich innerhalb des arabischen Kulturraums errichtet. Der Glaube, einst eine gemeinsame Ideologie, zerfiel in Sekten. Das wirre Durcheinander so vieler Völker, die sich den verschiedenen Glaubensrichtungen zuneigten, ließ nie eine Bildung von Nationen aufkommen, wie es in Europa geschah, das sich unter dem Gegensatz Kaiser–Papst entwickelte, nie kam es in seinem Herrschaftsgebiet zur Bildung einer Demokratie. Zwar war Mazdak, der religiöse persische Kommunistenführer, in abgelegenen Landstrichen nicht vergessen, zwar gab es im neunten Jahrhundert einen großen Sklavenaufstand, ferner soziale, mit Sekten verbundene Unruhen und die schiitische Terrororganisation der Assassinen, deren Methoden heute wieder aktuell werden, zwar fehlte das revolutionäre Element nicht gänzlich, doch den Gläubigen war es im allgemeinen gleichgültig, wer regierte, was Goethe abstieß, der östliche willig hingenommene Despotismus ist nicht zu übersehen. Die Mächtigen wurden im Auftrag von Mächtigen ermordet oder von irrationalen Sektierern, nie von den Ohnmächtigen, nie vom Volk. Die islamische Kultur fällt 1258. Schon 1220 eroberte Dschingis Khan Khwarezm und Chorasan, die Städte Buchara und Samarkand; Balch, Merw, Nischapur fielen. Der Mongole mit seinen Söhnen ging ohne ideologischen Ehrgeiz vor, auch nicht zynisch, er war nur ein Vollprofi in Welteroberei, kriegstechnisch und taktisch, aus reiner Lust am Abenteuer. In den ersten Tagen des Jahres 1258 erschien sein Enkel Hülägu vor Bagdad. Er war kunstreich gepanzert und saß auf einem kleinen Pferd. Seine Horden umzingelten die Riesenstadt mit ihren Palästen, Moscheen, Bibliotheken und Krankenhäusern, die Belagerungsmaschinen hatten chinesische Techniker zusammengebastelt. Am 12. Februar wurde die Stadt übergeben, die Einwohner, mehrere Hunderttausende, wurden niedergemacht, die Bibliotheken und die Moscheen verbrannt und der Kalif mit seinem Harem und seinen zwei Söhnen hingerichtet. Ein Weltgericht. Eine Kultur ging unter, was nach ihr kam, hatte nicht mehr die

Kraft des Beginnens, sie bewahrte nur noch. Al-Musta'sim, der letzte Abbaside, war ein milder Kalligraph gewesen, ein Gelehrter, fromm, der Hülägu verachtet hatte, wohl weil dieser wie Dschingis Khan sich weder um Schrift noch um Künste, sondern bloß um Menschenkenntnis kümmerte. Der Fall von Bagdad darf mit der Eroberung Jerusalems durch Nebusaradan verglichen werden. Fast gleichzeitig kamen in Ägypten die Mamelucken zur Macht, türkische oder mongolische Prätorianer, hartgesottene Abenteurer regierten. In Spanien zerfiel wenige Jahre vorher das Kalifat von Córdoba, nur Granada blieb erhalten. Eine blutrünstige Ballade das Ganze, in jedem Geschichtsbuch nachzulesen. Was sich nach der Katastrophe hinüberrettete, war der islamische Pietismus, eingeleitet schon vor dem Sturz durch die Mystik al-Ghazzalis, welche die arabische Philosophie zudeckte, auf eine grandiose Weise freilich, durch eine gewaltige Denkleistung, die ein ebenso gewaltiges Denken zerstörte, die Zerstörung einer Philosophie, die auf ihrem Höhepunkt vieles von der Philosophie des europäischen Hochmittelalters, in manchem sogar die Aufklärung vorausgenommen hatte. Über die Skepsis, über den Versuch der Vernunft, sich mündigzusprechen, siegte die Frömmigkeit, zwangsläufig, um, nach innen gewandt, gleichgültig gegenüber dem äußeren Ablauf der Geschichte, einen beispiellosen Untergang zu überstehen.

XIII

Wir zeichnen flüchtig. Es geht nicht um Details, sondern um den Versuch, sich an Hand einer Skizze in einer Welt zurechtzufinden, die wir mißachtet haben, allein darum, weil wir die Welt nur von uns aus beurteilen, nur von uns aus Werte setzen. Wir billigen uns Tragik zu, nicht den anderen. Das gewaltige Abenteuer einer Handvoll Nomaden der Halbinsel Arabia felix, die auszogen, eine Welt zu erobern, und sie eroberten, endete nach dem Mongolensturm und nach weiterem Zerfall in der Eroberung dieser eroberten Welt durch einen türkischen Stamm, der einst auch aus Nomaden bestanden hatte, der aus dem Inneren Asiens, wie die Seldschuken vor ihm, in Kleinasien einbrach: die Osmanen. Sie siedelten sich in der Provinz Bythnien an, die Byzantiner mußten sie dulden. Die Provinz fiel bald; dann, sich immer mehr in Anatolien ausbreitend, faßten die Osmanen auch auf dem Balkan Fuß, kreisten Ostrom ein. Der Aufstieg in die große Weltpolitik war nicht aufzuhalten, auch durch christliche Kreuzritter nicht, deren Heer bei Nikopolis vernichtet wurde. Die Osmanen waren schon eine Großmacht, als sie sich mit Timur verfeindeten, mit einem gigantischen Massenmörder, der durch Heirat Mitglied der Sippe des Dschingis Khan geworden war und den Titel ›Schwiegersohn‹ führte. Er gab sich, war es nötig, als ein frommer Muslim aus, »ehrfürchtig gegen die Religion«, war abergläubisch und in den Künsten wie Hitler dilettierend, ein mongolischer Khan, der die Länder der Goldenen Horde, Georgien, Kleinasien und das mohammedanische Indien heimsuchte, Delhi, Damaskus und Bagdad ausplünderte, systemlos, dessen Grabmal in Samarkand einem riesigen

Phallus gleicht. Sein Heer mähte die Türken nieder, in deren Reihen Christen kämpften, doch kamen die Besiegten wieder hoch, begünstigt dadurch, daß Timur bald starb, bevor er noch in China einbrechen konnte, und sein Reich in verschiedene Königreiche zerfiel, was der Kultur zugute kam, aber auch dadurch, daß Ostrom, ein Kleinstaat geworden, die Gelegenheit nicht wahrzunehmen vermochte, ebensowenig Venedig. Fünfzig Jahre später fiel Konstantinopel. Achthundert Jahre hatte es dem Ansturm des Islam standgehalten. Der letzte Kaiser, Konstantin XI., fiel im Straßenkampf, man erkannte ihn an den roten Kaiserschuhen. Mehmed II. ließ ihn bestatten. Nie war der Triumph des Islam vollkommener. Dann erst wurde von den Osmanen das ehemalige arabische Großreich erobert, zuerst Ägypten, nur das schiitische Persien nicht, das wie Indien und Innerasien noch von Mongolen und Turkmenen beherrscht wurde. Der politische Schwerpunkt des Islam verlagerte sich nach dem Bosporus, ein geschichtlicher Ablauf, nicht minder spektakulär als der arabische Einbruch in die byzantinischen und persischen Reiche. Aber vierzig Jahre nach dem Fall Konstantinopels wurde Amerika entdeckt, der Aufbruch Europas in den Westen begann. Selbst politisch kam die Zerstörung Ostroms zu spät: die Idee eines orthodoxen christlichen Reiches übernahmen die Moskowiter Großfürsten. Iwan der Große heiratete eine Nichte des letzten byzantinischen Herrschers und ließ sich zum Cäsaren ernennen. War das zweite Rom mit seinen heiligen Kaisern vernichtet worden, bildete sich nun das dritte Rom mit seinen heiligen Zaren heran. Das osmanische Reich, als das letzte von Nomaden errichtete Imperium, hatte so von Beginn an etwas Anachronistisches, auch wenn es Europa zeitweilig gefährlich wurde. Es stellte weniger eine kulturelle als eine Ordnungsmacht dar. Die Versuchung ist groß, es mit Rom zu vergleichen, zu vermuten, die Türken hätten sich zur unterjochten arabisch-persischen Bevölkerung wie die Römer zu den Griechen verhalten. Der Vergleich stimmt nur bedingt. Wohl übernahmen die Türken die Kultur des Islam, wohl fügten sie dieser Kultur und fügte diese sich nichts Wesentliches hinzu, aber die türkischen Sultane waren nicht das Ergebnis eines politischen Konflikts wie die römischen Kaiser, sie waren nicht aus den Bürgerkriegen einer Republik hervorgegangen, eine asiatische Staatsform hatte sich mit den Osmanen durchgesetzt, auch wenn vieles von ihrer Verwaltung nach persischen oder byzantinischen Vorbildern gestaltet worden war. Mehmed II. ist nicht mit einem römischen oder griechischen Kaiser, sondern mit Babur zu vergleichen, mit jenem timuridischen Türken, der in der ersten Hälfte des sechzehnten Jahrhunderts in Indien das islamische Mogulreich gründete, wenn auch in diesem die Hindus eine weitaus größere Rolle spielten als die Christen im osmanischen. Sicher, Babur war hochgebildet und ein bedeutender Schriftsteller, sein Türkisch hervorragend, aber Mehmed stand ihm an staatspolitischer Begabung nicht nach. Daß er im Namen des Propheten Krieg führte, ist ihm nicht vorzuwerfen, wenig später zerstörten die Spanier im Namen des Christentums die uralten Kulturstaaten Amerikas; daß diese in ihren religiösen Kulten das Menschenopfer kannten, ist keine Entschuldigung, auch wer im Namen Gottes Menschen tötet, opfert Menschen. Innenpolitisch stand Mehmed vor dem gleichen Problem wie später die Mogulkaiser in Indien: die Osmanen stellten eine Minderheit dar, eine Herrenschicht über Sklaven. Aber die Türken waren es gewohnt, als Minderheit über eine gewaltige Mehrheit zu regieren. Schon die Seldschuken und die Mamelucken waren regierende türkische Minderheiten gewesen, wie sich ja überhaupt die Türken als Staatsgründer hervortaten. Wenn auch der Sultan in der Folge absolut herrschte, in erhabener, nicht unmakabrer Souveränität, die gesellschaftliche Ordnung, dank deren er regierte, war, so straff sie durchdacht und organisiert war, erstaunlich flexibel, wenn auch mit radikalen Zügen behaftet. Aus dem offiziellen Raub christlicher Knaben, die islamisiert wurden, rekrutierte sich das Heer der Janitscharen. Die Türken, einst Söldner, hatten ihre Erfahrung mit Söldnertruppen gemacht. Sie zogen es vor, sie nicht auf sich selbst anzuwenden und sich ihre Kerntruppen selber zu erziehen, dennoch übten bisweilen diese die Macht aus. Daneben bot die Verwaltung einem begabten Sklaven immer wieder die Möglichkeit, zur Herrenschicht aufzusteigen, Vorbedingung war, daß er dem Sultan die Treue hielt, die türkische Sprache beherrschte und ein Muslim war oder wurde, seine Nationalität war ohne Interesse. Daß die Türken orthodoxe Sunniten waren, ist vielleicht doch dem unbewußten Einfluß der Oströmer zuzuschreiben: Sie wollten als ebenso eifrige Mohammedaner wie jene als eifrige Christen gelten. Da sie aber über ein Konglomerat von Völkern mohammedanischer Richtungen und Sekten, über Sunniten, Schiiten, Ismaeliten usw., herrschten, daneben auch über Christen verschiedener Richtungen und Juden, waren sie durchaus nicht so intolerant, wie wir es uns gerne einreden, der griechisch-orthodoxe Patriarch, der armenische Katholikus und der Oberrabbiner wurden anerkannt. Der Islam wurde unter den Türken etwas Traditionelles, Abgeschlossenes, Stagnierendes; rührten sich Sekten, war die Verwaltung klug genug, sie dort zu begünstigen, wo es galt, mögliche Gegner des Regimes gegeneinander auszuspielen. Wie das byzantinische Imperium ist auch das türkische von uns vergessen worden, längst setzen wir andere Akzente, das osmanische Riesenreich vermoderte in einer vergessenen Weltecke, ein jahrhundertelanger mühsamer Zersetzungsprozeß. Was Europa trieb, interessierte niemanden, das osmanische Reich wurde ein Relikt aus dem Mittelalter und mit ihm der Islam, fremdenfeindlich, auf sich selbst zurückgeworfen, introvertiert, nur noch sich selbst widerspiegelnd. Erst im 19. Jahrhundert gerieten die Türken, entwurzelt, außerhalb der Zeit, unfreiwillig immer mehr unter europäischen Einfluß, ohne je Europäer sein zu können, der Islam hielt sie fest, sie wurden ihn nicht los, aber ohne daß der Islam vermocht hätte, ihr Reich zusammenzuhalten. Die zentrifugalen Kräfte, die einst zum Untergang des weströmischen Imperiums geführt hatten, zerstörten auch das osmanische Reich, das die Nachfolge des oströmischen Reichs angetreten hatte – so stur dreht sich das Rad der Geschichte: die Provinzen verwandelten sich in Nationen, die Nationen, völkisch durcheinandergemischt, wurden nationalistisch. Der Nationalismus der Balkanvölker, jener der Griechen, der Bulgaren, Rumänen, Ungarn, Kroaten, Albaner usw., aber auch jener der arabischen Völker erwachte, jener der Syrer, der Iraker, der Ägypter usw., Abd ul-Hamid und die Jungtürken versuchten zu retten, was noch zu retten war, das dezimierte Imperium wurde, verbunden mit Deutschland und Österreich, nur die schwächste der Großmächte, aus Schwäche phantastische Ideologien ausheckend: die eines modernen osmanischen Reiches mit Gleichberechtigung für alle, daneben Panislamismus und Pantürkismus,

Ideologien, die aus Europa importiert und umgewandelt worden waren. Es ließ sich keine verwirklichen. Der Erste Weltkrieg war das Ende. Das türkische Imperium ließ wie jedes andere Imperium Staaten zurück, nicht in Frieden, sondern miteinander verfeindet, doch bevor sich diese Staaten im Nahen Osten bilden konnten, deren Völker sich, außer den beduinischen Arabern, kaum gegen die Türken erhoben hatten, griff der Kolonialismus zu, auch er ein imperiales System, das die Konflikte nicht löste, die das osmanische Reich hinterlassen hatte, darunter jener, der im Lande Palästina heranreifte, das unter den Osmanen und Ägyptern die Juden trotz Verfolgungen wieder zu besiedeln begonnen hatten. Vom türkischen Reich blieb in Asien nur Anatolien und in Europa nur Konstantinopel, die Stadt zerfallen, ein Häusergenist, riesenhafte Moscheen als Silhouetten, verkommene Straßen im Stile des europäischen neunzehnten Jahrhunderts, dazwischen unvermittelt byzantinische Reste, die zerstörte Stadtmauer als endlose Ruine, von Wohnungen durchwachsen, moderne Hochhäuser, ein labyrinthischer Basar, alles beschwert mit einer überreichen Geschichte, ohne deren Kenntnis wir vieles nicht verstehen, was heute im Nahen Osten geschieht, während die türkischen Provinzen des osmanischen Imperiums neben den anderen Turkvölkern Asiens dem einzigen Imperium im alten Sinn zufielen, das es heute noch gibt: der Sowjetunion, auch sie nun orthodox wie einst das türkische Reich, unter den heiligen Zaren christlich-orthodox, nun marxistisch-orthodox, orthodox bis auf die Knochen.

## XIV

Der Islam ist im allgemeinen toleranter gewesen, als es das Christentum je war, vor allem in jenen sechshundert Jahren, in welchen sich aus der einfachen Religion Mohammeds eine der größten Kulturen der Menschheit entwickelte, eine Epoche, die mit Recht das salomonische Zeitalter der Weltgeschichte genannt werden darf. Wenn aber heute die Araber mit dem Einwand argumentieren, sie könnten keine Antisemiten sein, weil sie ja selber Semiten seien, so ist diese Behauptung nicht nur eine bloße Wortklauberei. Zwar hat niemand je unter den Semiten, gegen die er war, die Araber verstanden, nicht einmal die Nazis dehnten ihren Antisemitismus von den Juden auf andere Semiten aus, sonst hätte sich der Großmufti von Jerusalem kaum nach Berlin geschlichen. Aber wenn sich die Araber als Semiten bezeichnen, so bekennen sie sich, wenn auch widerwillig, zu den Juden, sie sehen in ihnen Brüder, wenn auch feindliche. Tatsächlich ist denn auch das Schicksal der Juden in der Welt des Islam wesentlich anders ausgefallen als jenes in Europa. Schon vor dem Auftreten des Propheten war es günstiger: Zwar verhielten sich ihnen gegenüber die Byzantiner grausam, aber die Sassaniden, die persischen Großkönige, waren ihnen freundlicher gesinnt, an die Stelle des zerstörten Jerusalem trat wieder Babylon als jüdisches Zentrum, an den dortigen Schulen wurde der Talmud zum Abschluß gebracht, im persisch-byzantinischen Krieg kämpften die Juden auf der Seite der Perser, sie waren auch dabei, als 614 Jerusalem erobert wurde, metzelten mit den Persern die Christen nieder und wurden von ihnen wieder niedergemetzelt, als die Byzantiner 629 Jerusalem zurückeroberten. Zehn Jahre später wurde es von den Arabern eingenommen. Der Beginn der mohammedanisch-jüdischen Beziehung ließ nichts Gutes ahnen. Schon nach seiner Flucht aus Mekka hatte Mohammed in Medina versucht, in der alten jüdischen Kolonie Jathrib die Juden zu seiner Religion zu bekehren, indem er behauptete, der Islam sei mit dem Judentum identisch. Als diese Lehre den Juden nicht einleuchten wollte, wurden sie vertrieben. Mohammed war enttäuscht, daß die Juden ihn nicht als Messias anerkannten; auch die Christen bekehrten sich nicht, wie er offenbar hoffte, hätte er doch sonst wohl kaum den byzantinischen Kaiser aufgefordert, sich zum Islam zu bekehren, wie übrigens auch den persischen Großkönig. Mohammed glaubte, im Islam eine Religion gefunden zu haben, die die Welt zu einigen vermochte, nicht unähnlich den Bemühungen der byzantinischen Kaiser, durch eine dogmatische Zauberformel die Christenheit zu einigen, indem sie neben dem Heiligen Geist noch eine heilige Energie konstruierten. Doch scheinen sich Zauberformeln nie zu erfüllen, wohl weil sie einem Wunschdenken entspringen. Schon die Alchemisten hofften vergeblich auf den Stein der Weisen. Was die Marxisten angeht, so sind sie über ihre Dogmen ebenso zerstritten wie die Theologen; die Physiker selbst sehen ihre Weltformel, so greifbar nahe sie ist, immer wieder entschwinden, der Weltbau will und will sich nicht geordnet präsentieren. Das Chaos entspricht der Wirklichkeit offenbar mehr als die Ordnung. Nun traf freilich Mohammed mit seiner für alle Völker offenbarten Religion noch ein besonderes Mißgeschick, der Großkaufmann in ihm kam mit dem Religionsarchitekten in Konflikt. Die ungestüme Welteroberung mußte finanziert werden, die Finanzen zu diesem Unternehmen durften nur den Ungläubigen aufgebürdet werden und unter diesen bloß den Christen und Juden. Sie wurden als Menschen minderer Erkenntnis geduldet, besaßen sie doch wie die Muslime ein heiliges Buch, wenn es auch an vielen Stellen verfälscht war: allein der Koran war vollkommen. Die Perser dagegen galten als echte Heiden, sie mußten sich bekehren oder wurden getötet. So bekehrten sie sich denn und beherrschten nach und nach, bekehrt, die Bekehrer. Die Ungerechtigkeit, die Welteroberei bezahlen zu müssen, bewog Christen und manchmal auch Juden, sich dem Islam zuzuwenden, in der Hoffnung, von der Steuerlast befreit zu werden. Zerrüttete Finanzen zerrütteten oft den Glauben. Ein Grund für die Muslime wiederum, die Übertritte zu erschweren, eine Art Numerus clausus wurde eingeführt: Aus finanziellen Überlegungen kamen die Mohammedaner dazu, mit Christen und Juden zusammenzuleben; sie mußten den Ungläubigen, um sie erpressen zu können, nicht nur den Glauben lassen, sie mußten sie auch zwingen, in ihm zu verharren. Jahrhundertelang überwog in Ägypten und Syrien die christliche Bevölkerung die mohammedanische. Doch nicht nur aus ökonomischen Überlegungen waren die Muslime zur Menschlichkeit gezwungen, das Eroberte mußte ja auch verwaltet werden, das vielgestaltige Riesenreich benötigte Beamte, Wirtschaftsfachleute, Steuerfachleute, Landvermesser, Intellektuelle, die von den Arabern nicht ohne weiteres gestellt werden konnten, allzu sehr war man mit dem Erobern beschäftigt und, kaum hatte man erobert, mit dem Genuß des Eroberten. Was nun das Judentum betraf, sah es sich in diesen sechs Jahrhunderten des klassischen Islam in einer oft bedenklichen, sicher bedrängten, aber nicht verzweifelten Lage, es ging ihm besser als im christlichen Byzanz oder im Abendland. Folgte dort ein Pogrom dem anderen, war es innerhalb des Islam nur zeitweise bedroht, so unter dem wahnsinnigen Fatimiden El Hakim, sonst wurde es, sehen wir von den oft unmenschlichen Steuern ab, meist nur belästigt: Rechtsungleichheit, Zwang zu besonderer Kleidung, andere Schikanen, es kam auf die Laune der Kalifen in Bagdad oder Kairo an. Weil das Judentum und der Islam an den gleichen allmächtigen Gott glaubten, bauten sie ihre Gegensätze zwar aus, wie es die Religionen in ihrem Wettstreit immer tun, jeder überzeugt von seiner Wahrheit, aber sie entwickelten sich miteinander und gleichzeitig. Vor allem war die Stellung zum Christentum die gleiche. Das Judentum brauchte vor dem Aufkommen des Islam die mühsame Verwandlung des Christentums aus einer jüdischen Sekte in eine hellenistische Religion nicht mitzumachen, etwa das spitzfindige und komplizierte Einverleiben heidnischer Mysterien in christliche Kulte oder die halsbrecherische Aufwertung etwa der Mutter Jesu zu einer jungfräulichen Muttergottheit. Die jüdisch-christliche Gemeinde, die in Jerusalem im Tempel betete und die Gesetze beachtete, die an der Beschneidung festhielt, für die nur ein Jude ein Christ sein durfte und welche die Wiederkunft Christi erwartete, ging mit der Eroberung Jerusalems durch die Römer unter, ohne Spuren zu hinterlassen, seitdem gab es nur noch wenige Juden, die zum Christentum konvertierten, während innerhalb des Islam ein bekehrter Jude, auf welche Privilegien hin ist ungewiß, ein religiöses Genie namens Abdallah Ibn Saba, den Glauben verbreitete, der letzte ›rechtmäßige‹ Kalif Ali, Schwiegersohn des Propheten, werde als Messias, als Mahdi, wiederkehren, eine Vorstellung, die im Islam zur Bildung neuer Sekten führte. Nicht zufällig. Denn im wesentlichen sahen sich die jüdischen und mohammedanischen Theologen den gleichen Problemen gegenüber. Auch wenn sie sich haßten, wie es Theologen meistens tun: Der Islam, der uns heute als eine mehr pietistische Form des Monotheismus erscheint, verhielt sich damals wie die jüdische Religion dialektisch. So kam es in vielen Gebieten zu einem Miteinander statt zu einem Gegeneinander. Geschichtlich ist der Araber durchaus nicht der Erbfeind der Juden. Nach dem Sturz der Perser blieb den Juden Babylon als politisch autonome Gemeinde unter den Arabern erhalten. Die Gemeinde wurde politisch von einem jüdischen Exarchen regiert, geistig von den zwei ›Exzellenzen‹, die den Schulen von Sura und Pumpeditha vorstanden. Auch die Philosophen befanden sich in beiden Lagern der gleichen Situation gegenüber. Jehovah und Allah herrschten in fürchterlicher Einsamkeit in ihrem Weltall. Das Gute und das Böse blieben unerklärliche und unlogische Fakten, die Willensfreiheit war unbeweisbar, doch nicht wegzuleugnen. Daß der Monotheismus beider Religionen die griechische Philosophie um Rat fragte, in der Absicht, die offenbarte Religion mit griechischen Denkrichtungen in Übereinstimmung zu bringen, war allzu natürlich. Schon in der Mitte des dritten vorchristlichen Jahrhunderts war das Alte Testament ins Griechische übersetzt worden, um die Zeitwende versuchte der Jude Philo von Alexandria eine Synthese beider Konzeptionen. Später beeinflußten die griechischen Denker die mohammedanischen Philosophen, diese wiederum die jüdischen, obwohl es ziemlich sinnlos ist, sie von den Theologen der damaligen Zeit zu unterscheiden; Gott war für beide das zentrale Problem, doch wurde es methodisch unterschiedlich behandelt, die Philosophen der Juden und der Mohammedaner versuchten, den offenbarten Gott vom Verstande her aufzuspüren, die Theologen, aus der Offenbarung zu deduzieren. Aristoteles und Plotin waren wichtiger als Platon. Demokrit und Leukipp mit ihrer materialistischen Atomistik scheinen keinen Einfluß gehabt zu haben, aus Vorsicht: Götter leugnen war ungefährlicher als einen Gott in Frage zu stellen. Dieser, aristotelisch konzipiert, drohte den Philosophen zum reinen Denkpunkt zusammenzuschrumpfen, zur Grundursache allen Seins, das nur eines nicht erklärte, warum es denn außerhalb dieses vollkommenen Seins, dieses Denkpunktes, noch ein anderes Sein gebe, wenn auch ein minder vollkommenes. Der Gott der aristotelischen Denkrichtung neigt dazu, dem in sich gleichartigen kugelförmigen Weltkörper gleich zu werden, mit welchem Parmenides das Sein darstellte, das kein Nicht-Sein und damit keinen leeren Raum kannte, gar nicht so unähnlich gewissen Vorstellungen heutiger Kosmologen, die sie sich über den Zustand der Materie vor ihrer gewaltigen Urexplosion machen, die nicht in den Raum hineinfegt, sondern die durch dieses ungeheure Auseinanderstieben erst den Raum schafft. Demgegenüber führt die Konzeption Plotins, die neuplatonische Denkrichtung, dazu, Gott als ein aufflammendes Urlicht darzustellen, das sich verstrahlt, bis die Finsternis, die Materie als das nicht mehr Bestrahlte, zurückbleibt, die Materie als gefrorene Energie gleichsam. Gott entspricht nicht dem Zustand der Materie vor Raum und Zeit, sondern jenem der Erschaffung von Raum und Zeit. Womit ich nicht etwa behaupten möchte, diese Philosophen und Theologen hätten moderne Kosmologie getrieben, sondern lediglich, daß der menschliche Geist, aus welchen Bedingungen auch immer, aus spekulativen, wissenschaftlichen, mathematischen, ja religiösen Überlegungen heraus zu stets ähnlichen Bildern greifen muß: Vielleicht, weil nicht das Denken, sondern die Bilder begrenzt sind, mit denen sich das Denken anschaulich und damit begreiflich zu machen vermag.

## XV

Doch je nach Philosoph oder je nach Theologe gerieten die verschiedenen Entwürfe in einen versteckten oder offenen Gegensatz zur Orthodoxie, zur offiziellen Religion, je nachdem wurden sie gebilligt, verdächtigt oder als Ketzerei verworfen. Die Spannweite war groß, die gemeinsame Sprache das Arabische. Vermag in dieser Epoche zur Not noch eine jüdische von einer arabischen Philosophie unterschieden werden, den philosophischen Lehrbüchern zuliebe, so nicht in der Wissenschaft, hier gab es keinen Unterschied, in der Medizin, in der Geographie oder in der Mathematik spielen Glaubensfragen keine Rolle. Daß die Glaubensfragen in der Philosophie eine spielten, lag in der Zeit, 1150 ließ der Kalif Mustandschid in Bagdad die philosophischen Bücher Avicennas, 1194 der Emir Abu Yusuf Yaqub al-Mansur in Sevilla jene des Averroës verbrennen. Fielen die beiden größten arabischen Philosophen der Zensur zum Opfer, löste Maimonides unter den Juden einen Glaubenskrieg aus, vielleicht nur, weil er lehrte, über Gott sei keine positive Aussage möglich, Allmacht, Unendlichkeit, Gnade, Liebe, Verstand, Wille, Einheit usw. seien nur menschliche Begriffe, die auf Gott angewendet jeden Sinn verlören. Sein Grab wurde entweiht, wobei alle diese Angriffe auf die Philosophie bei

Mohammedanern und Juden weniger von der Orthodoxie als von der Mystik ausgingen.

XVI

Nicht immer kamen die Theologen besser davon. Auch ihre Lehren enthielten Sprengstoff. Auch hier wiesen das Judentum und der Islam eine Gemeinsamkeit auf, die im Wesen der Theologie zu liegen scheint. Als Religionen, die auf einer ›offenbarten‹ Schrift gründeten, begnügten sich beide nicht mit Offenbarungen. Wie die Juden mit dem Talmud die Bibel erweiterten, den Pentateuch dialektisch kommentierend, ergänzten die Muslime den Koran mit der mündlichen Überlieferung von Taten und Worten des Propheten, Sunna und Hadith. Als der Abbaside al-Mansur um 760 den Gottesgelehrten Abu Chanifa verhaften ließ, als offizieller Nachfolger des Propheten mit dem großen Korankenner theologisch in einen leidigen Streit geraten, befahl er, verärgert über die Theologen, bevor er sich von den täglichen Staatsgeschäften eher widerwillig, doch pflichtbewußt in den Harem zurückzog, einen Rabbi namens Anan ben David ebenfalls einzukerkern. Niemand wagte al-Mansur zu fragen, warum, vielleicht wußte er es selbst nicht. Wahrscheinlich handelte er bloß aus einem dumpfen Gefühl einer gewissen boshaften Gerechtigkeit, die den Kalifen als Herrscher über Gläubige und Ungläubige auszeichnete. Doch ist es auch möglich, daß er sich halb erinnerte, eine Bittschrift flüchtig gelesen zu haben, ohne daß freilich al-Mansur noch wußte, von wem diese Bittschrift stammte, ob von einem Büro seiner Verwaltung, das sich mit jüdischen Angelegenheiten beschäftigte, oder gar von mehreren, ja, es kam ihm plötzlich vor, als habe er nur von ihr geträumt, von einem halb leserlichen Schreiben, worin die Verhaftung Anans gefordert wurde, weil dessen Anhänger den Rabbi, der aus dem sektenreichen Inneren Persiens aufgetaucht war, widerrechtlich zum Exarchen über die babylonische Gemeinde ausgerufen hatten. Den beiden Theologen, die sich stumm musterten, war das gleiche schmutzige Verlies zugewiesen worden, entweder aus Platznot im stets überfüllten Gefängnis oder aus Schlamperei oder aus Boshaftigkeit oder gar auf Anordnung al-Mansurs selbst, der die beiden inzwischen vergessen hatte, auch im Harem noch mit dem Aufbau seines Riesenreichs beschäftigt war. Sie kauerten sich wortlos gegenüber, hüllten sich in ihre Mäntel, jeder glaubte vom anderen, dieser sei im Unrecht, wenn auch nicht al-Mansur gegenüber, der sie beide schändlich behandelt hatte, aber in Hinsicht auf die ewige Wahrheit. Die einzige Lichtquelle bildete ein kleines vergittertes Fenster hoch über ihnen, irgendwo in der rohen Mauer. Ein uralter Wärter, der sich, um in Ruhe gelassen zu werden, als Sabier ausgab, aber in Wirklichkeit einen verrosteten einäugigen Götzen anbetete und Muslime, Juden und Christen als gottlose Esel verachtete, setzte ihnen täglich wortlos eine Schüssel mit Speise vor und einen Krug mit Wein. Die Speise war köstlich zubereitet auf Befehl des Großwesirs, dessen Grausamkeit nie gemein, doch stets exquisit war: die Beleidigung bestand für beide darin, daß der Jude und der Muslim aus der gleichen Schüssel essen mußten; der Wein beleidigte Abu Chanifa. Eine Woche wohl, können wir uns denken, aßen die beiden Theologen nicht. Standhaft bis zum Exzeß wollte jeder der Frömmere sein und seinen

Gegner durch Ergebenheit in den Willen seines Gottes beschämen. Bloß den Wein kosteten sie gemeinsam, sich hin und wieder die Lippen netzend, der Muslim, um nicht zu verdursten – was Allah gegenüber ja auch eine Sünde gewesen wäre –, Anan ben David, dem Wein erlaubt war, um Abu Chanifa gegenüber nicht unmenschlich zu erscheinen, dessen Durst er verdoppelt hätte, würde er in vollen Zügen getrunken haben. Ratten fielen über die Schüssel her, Ratten gab es überall. Zuerst wagten sie sich zögernd hervor, dann täglich frecher. Nach einer Woche fand Abu Chanifa die Demut des Juden empörend, es konnte sich unmöglich um eine echte Demut handeln wie bei ihm, dem Muslim, der Jude mußte aus gotteslästerlichem Trotz handeln oder aus teuflischer Heimtücke, in der Absicht, den Diener des Propheten, den profunden Kenner des Korans, der Sunna und des Hadith, durch gespielte Demut zu demütigen: Abu Chanifa aß die Schüssel leer, blitzschnell, bevor noch die Ratten wie bisher über sie herzufallen vermochten, so flink die Bestien auch waren, ja ihn anfielen. Nur einen kleinen Rest ließ der Gottesgelehrte zurück, den Anan ben David aufleckte, bescheiden, mit niedergeschlagenen Augen, wenn auch nicht gänzlich ohne Hast, der Hunger war allzu rasend, und die enttäuschten Ratten bedrängten nun ihn, ja schnappten nun auch nach ihm. Schlagartig, als eine Erleuchtung, wurde es Abu Chanifa bewußt, daß die Demut des Juden echt war. Dadurch beschämt, zerschmettert, vor Allah zerknirscht, aß nun Abu Chanifa am anderen Tag nichts, keinen Bissen, aber der Rabbi, der seinerseits Abu Chanifa nicht demütigen wollte, weil dieser doch am Vortag gegessen hatte, und von dessen Frömmigkeit Anan ben David inzwischen ebenfalls überzeugt war, dazu noch persönlich von der

Demut des Muslim ihm und Jehova gegenüber gedemütigt, aß, schlang, so eilig hatte er es, fraß die Schüssel leer, all die köstlich zubereiteten Speisen, noch hastiger als Abu Chanifa am Vortage, weil die Ratten noch gieriger geworden waren, noch unverschämter, noch ungestümer, doch auch er leerte sie nur beinahe, wie der Muslim vorher, so daß nun Abu Chanifa, glücklich darüber, sich endlich vor dem Rabbi auf dieselbe Weise demütigen zu dürfen, den Rest auflecken konnte, auch er nun wieder von Ratten beklettert, ja überhäuft, überschwemmt, kaum war es noch auszumachen, was Abu Chanifa, was Ratten waren, worauf sich die Biester mit der Zeit schwer enttäuscht und gekränkt zurückzogen. Beide, der Muslim und der Jude, kauerten sich von da an zufrieden in gleicher Frömmigkeit gegenüber, beide gleich gedemütigt, beide gleich demütig, beide gleicherweise erschöpft durch den frommen Zweikampf. Sie hatten einander überzeugt, nicht durch den Glauben, der blieb bei beiden verschieden, unversöhnlich, doch durch ihre ebenbürtige Frömmigkeit, durch dieselbe mächtige Kraft, womit sie ihren unterschiedlichen Glauben glaubten. So begann ein theologisches Gespräch, durch den Mondschein begünstigt, der schräg und grell durch die vergitterte Fensterlücke fiel. Die beiden sprachen miteinander zögernd, vorsichtig zuerst, von langen Pausen tiefster Versunkenheit unterbrochen, bald fragte Abu Chanifa und Anan ben David antwortete, bald fragte der Rabbi und der Muslim antwortete. Der Morgen graute, die Folterknechte begannen bald in ihrer Nähe, bald in entlegenen Verliesen ihr Handwerk. Machte das Geschrei der Gefolterten das Gespräch der beiden unmöglich, beteten Rabbi Anan und Abu Chanifa so laut und mächtig, jeder in seiner Sprache, daß die Folterknechte erschrocken von ihren Opfern ließen. Der Tag kam, die Sonne flammte in die Zelle, scharf gestochen, ein Lichtstrahl, der freilich nicht den Boden des Kerkers erreichte, einen Augenblick nur strahlte in ihm Abu Chanifas weißes Haar auf. Ein Tag folgte dem anderen, eine Nacht der anderen, sie aßen gemeinsam nur das Notwendige, nur wenig von der köstlichen Speise, die immer schlechter wurde, weil auch der Großwesir die beiden allmählich vergaß. Statt Wein war längst Wasser im Krug. Den Rest des undefinierbaren Breis, den der wortlose Wärter ihnen schließlich hinschmiß, überließen sie den Ratten, die ihre Freunde wurden, sie freundlich umpfiffen, die Nasen an ihnen rieben. Die beiden streichelten sie gedankenverloren, so sehr waren sie in ihr mächtiges Gespräch vertieft. Der Muslim und der Jude lobten denselben majestätischen Gott und fanden es über alle Maßen wundersam, daß er sich gleich in zwei Büchern offenbart hatte, in der Bibel und im Koran, in der Bibel als Vatergott, unvorausberechenbar in seiner Gnade und in seinem Zorn, in seiner unbegreiflichen Ungerechtigkeit, die sich immer als Gerechtigkeit herausstellte, im Koran als Weltschöpfer, durch dessen Allgewalt allein alles lebte. Beide Theologen, indem sie Gott priesen, bedauerten den menschlichen Aberwitz, die göttlichen Originalschriften zu ergänzen: Anan ben David verfluchte den Talmud, anerkannte allein die Bibel, Abu Chanifa verdonnerte Sunna und Hadith. Die Ratten verkrochen sich ängstlich ob der gewaltigen Fluchsprüche, die stunden-, tage-, wochenlang aus den Mündern der beiden Theologen quollen, von den Quadern des Kerkers zurückdröhnten, und nicht nur die Ratten, auch die Folterknechte stoben davon, die Gefangenen zerbrachen furchterfüllt ihre Ketten und machten sich aus dem Staube; nur der alte

Wärter hielt stand, kochte für die Gefangenen den nun gräßlichen Brei. Jude und Muslim verwarfen die Überlieferung, wie achthundert Jahre später Luther nur die Bibel gelten lassen wollte, denn jede Religion scheint, nachdem sie sich erweitert hat, wieder ihrem Ursprung entgegenstürzen zu wollen und sich so in Gegensatz zu sich selbst zu bringen. So drohte auch der geschichtliche Anan ben David das Judentum zu zerstören. Der Streit der Talmudisten und der Antitalmudisten brach aus. Er führte zum politischen Untergang der babylonischen Diaspora, nicht einmal Saadia gelang es, mit der arabisch verfaßten Schrift *Die Widerlegung des Anan* etwas mehr als zweihundert Jahre später den Konflikt beizulegen. 1258 erlagen die politisch und religiös bedeutungslos gewordene babylonische Gemeinde und der östliche Islam den Mongolen, und damit endete auch die arabisch-jüdische Renaissance, eine Epoche nicht der gleichen Religion, doch der gleichen Kultur, ein Traum, der sich in der Vergangenheit abspielte, von uns vergessen, beinahe zum Märchen geworden, oft blutig, oft grotesk, wie alles Weltgeschichtliche, oft seltsam unwirklich wirklich, eine Hoffnung für heute, vielleicht eine Möglichkeit für morgen.

## *Dritter Teil*

### XVII

Ich gebe zu: Ob Hülägu kunstvoll gepanzert war, ist nicht mehr auszumachen. Im weiteren, ob der Feldherr Nebukadnezars einem Saufgelage beigewohnt hat oder nicht, ist eine Spekulation, die sich allein auf eine vielleicht vorhandene, vielleicht von Nichtfeldherren eingebildete Vorliebe von Feldherren für Saufgelage stützt, und gar die näheren Umstände, die Abu Chanifa und Anan ben David bewogen, sich miteinander zu unterhalten, sind erfunden. Was aber die Märchen der Vergangenheit betrifft, diese halbverschwommenen und in meinem Fall oft erdichteten Geschehnisse, diese Handlungen, Tragödien und Komödien, die sich auf unserem Planeten abspielten mit wenigen Helden und einer unsäglichen Menge von Statisten, die nur auftraten, um zu sterben, so wirken diese Schauspiele mächtig auf die Phantasie der Menschen ein, auch auf jene der Araber, nicht nur auf meine Einbildungskraft; wir werden alle von der Vergangenheit und von der Vorstellung geformt, die wir von dieser haben. Nicht nur wir Schweizer sind stolz auf unsere Schlachten, auf Morgarten und Grandson, wo wir das Lager Karls des Kühnen eroberten, mit seinen Gobelins und seinen Negerhuren, auch die Araber haben ihre Erinnerungen, wahrlich an größere Taten und kühnere Abenteuer, Erinnerungen an eine mächtigere Welt, an ein sinnvolleres Dasein. Wir sehen die

Araber mit unseren Augen und erwarten, daß sie sich nach unseren Vorstellungen verhalten. Gesegnet von Allah mit Öl, können sie es sich leisten, sich nach ihren Vorstellungen zu verhalten, und wir sind entrüstet. Doch ist der Segen Allahs problematisch, wie sich ja überhaupt Allah den Menschen gegenüber undurchsichtig verhält: seine Gnade ist oft eine versteckte Versuchung, sein Fluch eine verhüllte Gnade. Dank seines Ölsegens eignet sich der Islam die Moderne weit zynischer an als ihm guttut, er hält sie für käuflich statt für erlernbar. Die Welt, die er sich einst erobern mußte, kann er sich dank seiner Moneten leisten, dank des Öls deckt er sich mit Waffen ein, mit Krankenhäusern, Limousinen, mit Lehrern aus Palästina, mit Wohlstand für jedermann, mit einem Wohlstand des Westens, der seinerseits verarmt, aber auch nicht mit einem Wohlstand für die Welt des Islam, sondern nur für einen lächerlich kleinen Teil dieser Welt: Innerhalb des Islam beginnt sich ein neuer Riß abzuzeichnen, nicht mehr der zwischen Sunniten und Schiiten (der immer noch seine Opfer fordert), sondern der Riß zwischen armen und reichen Staaten, ein Riß, der nicht nur diese Welt spaltet, sondern auch die westliche und die kommunistische Welt: Es gibt heute nicht nur reiche Kapitalisten und arme, sondern auch reiche Kommunisten und arme. Heutzutage sind die politischen Terminologien arg durcheinandergeraten. So sind die Staaten im europäischen Osten und in der Sowjetunion gleichzeitig national und sozialistisch. Sie sind nationaler als die westeuropäischen Staaten und sozialer. Wie sie behaupten. Nichts stünde eigentlich dagegen, sie als nationalsozialistische Staaten zu bezeichnen, diese Bezeichnung wäre exakter als jene der Volksdemokratien, die sie führen; bloß hatte, ein Pech eigentlich, diese Bezeichnung schon Hitler für seine faschistische Bewegung beschlagnahmt, das Wort ist heute tabu geworden, wer es anwenden würde, beginge politischen Selbstmord (wie lange noch?). Dafür operiert man mit dem Wort ›faschistisch‹, in dem Sinne, daß jeder, der nicht links steht, ein Faschist geworden sein soll, wobei links sich verschieben läßt, ins Endlose eigentlich, immer ist jemand noch linker, und jeder ist für irgend jemanden rechts und damit ein Faschist. Oft zu seinem Erstaunen. Konservative, Liberale, Sozialdemokraten, Kommunisten, Trotzkisten, Maoisten usw., je nach dem Land. Auch die Juden schließlich. Sitzen sie doch zu ihrer Verwunderung mit jedem Obersten im gleichen Boot, der, gierig nach Macht und Geld, in seinem Land politisch kriminell geworden ist, falls er nicht zufällig ein linker Oberst ist, für Soares gehen die Progressiven nicht auf die Straße, kein Protest ist zu vernehmen, wobei gerechterweise gesagt werden muß, daß, was für links, auch für rechts gilt; für einige ist sogar auch Papst Paul VI. links. Dabei sollte doch gerade der Begriff ›faschistisch‹ einen etwas mehr als ungefähren Sinn angenommen haben. Ganz so sinnlos sollte der Zweite Weltkrieg nicht geworden sein. Vielleicht ist aber dieser Begriff darum so schwer zu fassen, weil er zu unscharf angewendet wird, als bloß variable nichtlinke Position. Sicher ist es für den Faschismus doch wesentlich, daß er sich nach einer restaurativen Idee ausrichtet. Mussolini träumte vom römischen Imperium, Hitler vom Heiligen Römischen Reich Deutscher Nation und noch weiter zurück von einer heiligen Richard-Wagner-Welt der Germanen, Walkürenritt, Götterdämmerung endlich, Erlösung dem Erlöser, und viele Parteigenossen einer anderen Partei sehnen sich nach Stalin zurück, nach einem Papst, der die auseinanderstrebende Welt des Kommunismus eint, an den man wieder glauben kann, wie man einst an Stalin glaubte, und wer glaubte nicht an ihn, mancher, der heute so tut, als hätte er nicht an ihn geglaubt. Hinter dem Faschismus steht offenbar eine Mythologie, je nach Land eine andere, dämmerhaft, großartig, die Mythologie von einem versunkenen Imperium, ins Dunkel der Geschichte zurückgewichen, doch immer noch die Phantasie des Volkes anregend, dazu kommen große Demütigungen, die am Nationalstolz nagen, der Versailler Vertrag im Falle Deutschlands z.B.; der wirkliche gemeingefährliche Faschismus scheint daher eine Großmacht vorauszusetzen oder deren Trümmer, die das Volk in seinen Träumen immer noch zusammensetzt, alles Konstellationen, die auch unter anderem für die heutigen Völker Nordafrikas und des Nahen Ostens gelten. Ihre große kulturelle Zeit, ihr Weltreich, liegt weit zurück, irgendwo in der Geschichte, im Mittelalter, nur noch die Moscheen zeugen von seiner Größe, endlose Demütigungen liegen zwischen damals und heute, nicht nur durch die Kreuzzüge verursacht, nicht nur durch diese wilden Horden, die da angerannt kamen, gepanzert, schwitzend, die da im Zeichen des Christentums ins Morgenland hereinbrachen, nicht nur durch Hülägu, eine Sprache gurgelnd, die kein Muslim verstand, sondern auch gedemütigt durch die Jahrhunderte des türkischen Imperiums, als man nichts war als Untertan, und noch entscheidender beleidigt durch den Kolonialismus, durch die Engländer, durch die Franzosen, durch die Ungläubigen. Dazu kommen noch die Niederlagen durch die Juden nach dem Zweiten Weltkrieg, herbeigeführt durch ein Volk, das von den mohammedanischen Völkern verachtet wurde. Es stellt daher eine jener bösartigen Ironien dar, wie sie nur die

Weltgeschichte liebt, wenn die Juden aus einem faschistischen Europa in einen Erdteil flüchteten, der jenem Europa unmittelbar vor dem Zweiten Weltkrieg in vielem so verzweifelt ähnelt: in einen Weltwinkel, der wie kein zweiter vom Faschismus bedroht ist, ohne daß ich den Panarabismus verteufeln möchte, es fällt nur leicht, ihn faschistisch zu mißbrauchen, fürchterlicher noch, als er nun marxistisch mißbraucht wird. Daß dieser Faschismus jetzt die Maske des Sozialismus trägt, ändert nichts an dieser Gefahr, er hat sie immer getragen; daß die Linke mit diesem Faschismus, der da aufzieht, paktiert, ist Tradition: Sie hält es wieder einmal für geschichtlich notwendig.

## XVIII

Die Schwierigkeit, heute in Europa für Israel Stellung zu beziehen, und die Isolation, in die dieser Staat geraten ist, hat verschiedene Gründe. Schämte man sich nach dem Zweiten Weltkrieg, Antisemit zu sein, wurde man mit Stolz nach dem Sechstagekrieg Philosemit, wagt man nun erleichtert nach dem Jom-Kippur-Krieg, Antizionist zu werden. Kein Mensch ist heute mehr Antisemit, man versteht nur die Araber. Der Siegesrausch der Araber vor dem Sechstagekrieg ist vergessen, vergessen die Sperrung des Golfs von Akaba durch Nasser, vergessen die Prahlereien Arafats, vergessen, daß jedermann den Angriff der Araber vermutete, vergessen der gewaltige Aufmarsch der ägyptischen, jordanischen und syrischen Truppen, wodurch erst der Sieg der Israelis möglich wurde; die Juden, den Zeitpunkt des Krieges bestimmend, brauchten nur die

Falle zu schließen. Vergessen das alles, die Juden hätten die Araber nur nicht ernst nehmen sollen, es war alles gar nicht so gemeint gewesen. Seitdem sind die Juden die Aggressoren. Doch verursachte diesen Gesinnungswandel nicht nur jenes Öl, womit die Scheichs die Räder der Weltwirtschaft und das Weltgewissen schmieren, nicht nur die fatale politische Weltkonstellation, in die Israel zwangsläufig geraten ist, und nicht nur jene seiner Freunde, die ihm nur schaden, sondern auch der in Mode gekommene Neomarxismus tut das seine, dieser Versuch, wieder ein marxistisches System zu errichten, wenn nicht in der Wirklichkeit, so doch in den Köpfen, sich ein ideologisches Schema zurechtzimmernd, das, als System, nur intolerant sein kann, statt an einer sozialen Ordnung zu arbeiten. Wie alle Utopisten und Eschatologen sind die Kommunisten zu ungeduldig; wären sie geduldiger, könnte ihre Tendenz sich ungemein positiv auswirken. Wo das Existentielle dem Ideologischen gegenübersteht, nimmt der Ideologe gegen das Existentielle Stellung, nicht das, was ist, ist für ihn berechtigt, sondern das, was sein sollte, auch wenn das, was ist, notwendig ist. Das Wort »Um so schlimmer für die Tatsachen«, das Hegel zugeschrieben wird, tritt in Kraft: um so schlimmer für Israel. So lehnt man denn den jüdischen Staat als faschistisch, halbfaschistisch oder bürgerlich ab, die marxistische Tradition will es so, gab es doch innerhalb des Marxismus nicht nur einst, sondern gibt es auch heute noch eine unbewußte Abneigung gegen das Judentum, durchaus entsprechend der geheimen Abneigung, die immer noch im Christentum herumgeistert. Doch nicht nur die marxistische Tradition, auch die marxistische Theorie vermag den jüdischen Staat nicht in ihr Weltbild einzubauen. Eine Ideologie stützt die andere, ein Vorurteil nährt das andere: den Juden gegenüber hat sich die Welt nicht verändert, verändert haben sich nur die Begründungen, die man gegen sie ins Feld führt. Lagen sie einst im Glauben, später in der Rasse, liegen sie nun im Imperialismus, den man zwölf Millionen Juden andichtet. Selbst in der Schweiz werden an den Ersten-Mai-Feiern Anti-Israel-Parolen herumgetragen, zusammen mit Spruchbändern gegen den Faschismus; nur verwunderlich für den, der noch nicht begriffen hat, daß jeder Ideologe jede Ideologie annehmen kann. Doch das ist nebensächlich. Wichtiger ist das Bedrückende: Indem der Jude gezwungen wurde, ein Jude zu sein, zwang man ihm die Dialektik seiner Feinde auf, der Rassist zwang ihn, eine Rasse, der Nationalismus, ein Nationalist zu sein, selbst der Begriff der Heimat, von den völkischen Bewegungen abgewertet, bekommt für den Juden einen neuen Sinn, haben die Menschen doch ihm, der überall seine Heimat finden wollte, in Polen, in Rußland, in Frankreich, in Deutschland, seine Heimat aufgezwungen: Israel. So gilt denn vieles, was über den Faschismus gesagt wurde, auch für Israel, gespenstischerweise, das Aufrichten eines Vergangenen, das Restaurative, doch nicht im faschistischen, sondern im existentiellen Sinn, nur dem dialektischen Denken begreifbar, nicht dem ideologischen, denn hinter dem Vorwurf, von marxistischer Seite erhoben, Israel sei ein faschistischer Staat, der Zionismus eine bürgerliche faschistische Bewegung, versteckt sich eine Zwangslage, in die, ohne es zu wollen, die marxistische Ideologie geraten ist: sie selbst kommt ohne Faschismus nicht mehr aus.

XIX

Nun sind Ideologien sprachliche Systeme, die sich nicht in der Grammatik, sondern in jenem unterscheiden, was den Inhalt ihrer Begriffe ausmacht, Sprachen auch, die zwar bestimmte Sachverhalte meinen, aber sich allzuleicht für mit diesen Sachverhalten identisch halten. Nur aus diesem Glauben heraus, die ›richtige‹ Sprache zu reden, die identisch mit dem Gemeinten ist, sind die ideologischen Kämpfe zu verstehen, die sich zwischen den verschiedenen Richtungen einer Ideologie abspielen. Denn diese verschiedenen Richtungen, in die sich eine Ideologie spaltet, sind sprachlich bedingt, sie stellen die oft logisch gleichwertigen Interpretationen der gleichen Ideologie dar. Es geht daher weniger um die Sache als um die Sprache, oder genauer, die Sprache ist die Sache. Oft wird eine Richtung gestürzt, und die siegreiche Richtung führt faktisch die gleiche Politik wie die gestürzte durch, nur mit einer anderen sprachlichen Begründung: Der Kampf fand zwischen zwei Sprachstilen statt, vermittels deren die sich bekämpfenden Fraktionen imstande sind, Objektivität vorzutäuschen, ja, weil in ihrem Denken das Faktische und das Sprachliche eins sind, vermögen sie sich einzubilden, es gehe nicht um die Macht, sondern um die Reinheit der Ideologie, womit sie ihren persönlichen Kampf tarnen. Dasselbe gilt auch für den Kampf zwischen den Mächten, auch hier sind eine faktische und eine sprachliche Ebene zu unterscheiden, gekämpft wird auf beiden, und mit der Sprache begründet man das Faktische, Blut und Tränen. Im Krieg gegen Hitler, von ihm angegriffen, verbündete sich die Sowjetunion, die alles tat, um die Kollision vermeiden zu können, widerwillig mit den Demokratien. In der Sprache der Kommunisten kämpfte man gegen den Faschismus, in der Sprache der Demokratien gegen den totalen Staat. Diese verschiedenen Sprachen hatten den Vorteil, daß nach dem Kriege der kalte Krieg geführt werden konnte, ohne daß die Sprachen geändert werden mußten; auch der kalte Krieg war von Wortgefechten begleitet, die jenen, die im Krieg geführt wurden, in nichts nachstanden. Für die Russen waren nun die Demokratien faschistisch, und für die Demokratien war die Sowjetunion ein totaler Staat. Wenn aber innerhalb einer Ideologie eine Sprachänderung eintritt, so ist die Ideologie mit dem Faktischen in Schwierigkeiten geraten. Sie spürt, daß sie sich mit der Wirklichkeit nicht mehr deckt: gerade darum sind Sprachänderungen entlarvend. Eine Sprache besteht aus Worten, die Worte, insofern sie nicht eine bloß syntaktische Bedeutung haben, sind Begriffe – das Fragwürdige dieses Satzes einmal beiseitegestellt. Der Lieblingsbegriff der Nazis war ›Volk‹, alles geschah in seinem Interesse, und unter den ›Völkischen‹ verstehen wir noch jetzt Rechtsgruppierungen. Demgegenüber setzte der Marxismus den weitaus genaueren Begriff des ›Proletariats‹, einen Begriff der industriellen Revolution, der Arbeiterwelt. Der faschistischen Diktatur im Namen des Volkes stand die Diktatur des Proletariats gegenüber. Die Fronten schienen klar formuliert: Schlagwort gegen Schlagwort. Nach dem Zweiten Weltkrieg aber war von marxistischer Seite her der Begriff ›Volksdemokratien‹ nicht mehr zu überhören, er wurde aus dem Begriffsfundus gezaubert und aufgefrischt, im Bestreben, den westlichen Demokratien ideologisch und damit sprachlich beizukommen. Seitdem ist in der marxistischen Domäne der Begriff ›Volk‹ immer mehr aufgewertet worden. Nicht zufällig. Bestand die Leistung der Russischen Revolution noch darin, daß sie, um das Proletariat an die Macht zu bringen, das Proletariat erschuf, das an die Macht kommen sollte; war die Revolution eine Tat von Intellektuellen, die ein politisches Gebilde so lange umkneteten, bis es angeblich ihren Begriffen entsprach, läßt sich heute nach diesen Begriffen die entwickelte Welt nicht mehr umformen, die, unabhängig von ihrer Struktur, was ihre Industrialisierung betrifft, auf einem toten Geleise dahinsaust, und schon gar nicht die unterentwickelte: in ihr nimmt selbst das Proletariat einen privilegierten Stand ein. Die Ideologie muß zurück zum vageren, mystischeren Begriff ›Volk‹, zu jenem Begriff eben, den die Faschisten so gern anwandten. Die Nazis wußten warum: Mit dem emotionalen Begriff hatten sie eine ideologische Waffe gegen den intellektuellen Begriff ›Proletariat‹, sie mystifizierten denn auch den Begriff ›Volk‹ bis ins Unerträgliche. Da jedoch jede Ideologie ihren Feind in ihrer Sprache herausbildet und mit ihrer Sprache bezeichnet, wurde der Feind des deutschen Volkes nicht etwa das internationale Proletariat, sondern der internationale jüdische Bolschewismus, hinter diesem Wortungeheuer lauerte als letzter geheimnisvoller Feind, heimtückisch und unbegreiflich, doch bürokratisch erfaßbar, das Judentum, das ›Volk der Untermenschen‹. Damit stand in den deutschen Hirnen Volk gegen Volk, Begriff gegen Begriff, nur daß der Begriff ›Volk‹ für das Judentum etwas anderes bedeutete als im neuromantischen Dunst für Hitler und Rosenberg. Das Volk ist seinem geistigen Ursprung nach (nicht seinem geschichtlichen nach) ein religiöser Begriff. Die Juden sind Gottes Volk auf Grund des Bundes, den Gott mit ihnen schloß. Dieser Bund gilt für das Volk und damit für jeden Einzelnen. Er ist ein Kollektivvertrag, der die beiden Partner setzt: Gott und das

Volk. Demgegenüber meint der Begriff ›Volk‹ für das primitive vagabundierende darwinistische Denken eines Nazis etwas anderes. Das ›deutsche Volk‹ ist nicht infolge eines Bundes mit Gott auserwählt, sondern infolge seiner Rasse, und das ›jüdische Volk‹ infolge seiner Rasse verflucht, indessen der Kommunist unter ›Volk‹ wieder etwas anderes begreift: den Träger der Revolution. Es ist deutlich, daß die verschiedenen Inhalte, die ein Begriff haben kann, nicht in ihm liegen, als wäre es möglich, sie aus ihm herauszudestillieren. Der Inhalt eines Begriffs wird in ihn hineingelegt, die Religion legt einen religiösen, der Faschismus einen faschistischen, der Marxismus einen marxistischen Inhalt in den Begriff usw. Nun könnte man annehmen, der marxistische Begriff ›Volk‹ sei ungleich präziser als der faschistische und dieser wiederum genauer als der jüdische religiöse Begriff. Aber das Volk, das der Marxist meint und in dessen Namen er die Revolution ausruft, ist nicht das Volk in seiner Gesamtheit, sondern nur der Teil, der die Revolution will, die Partei eigentlich, die sich nur Volk nennt, um den Anschein zu erwecken, sie sei identisch mit dem Volk. Das Volk wird dadurch auf eine mysteriöse Weise der Träger der Partei, die die Revolution trägt, der Träger des Trägers, das Volk wird zum Volk im Volk, wird zum Sammelbegriff jener, die an den Marxismus glauben. Der Anspruch, das Volk an sich zu sein, ist in keiner Weise realistischer als der religiöse Volksbegriff der Juden, der an den Glauben an einen Gott gebunden ist und daran, daß dieser Gott mit einem Volk einen Bund geschlossen habe. Wenn einer jedoch – im Religiösen – nicht mehr an diesen Gott glaubt, steht er außerhalb des Bundes und damit außerhalb des Volkes, so wie einer, der nicht an die Partei glaubt, außerhalb der Partei steht und damit nach der Sprache der Partei auch außerhalb des Volkes: er ist ein Volksfeind. Das gleiche gilt vom faschistischen Begriff. Warum das ›deutsche Volk‹ etwa besser sei als das jüdische, wie die Nazis behaupteten, war durchaus eine Glaubensangelegenheit, stützte sich auf uralte Vorurteile, auf nebulose Geschichtsbilder, auf Unnachprüfbares, und zum deutschen Volk zählte nur, wer diesen Glauben teilte. Aber wie wir auch das Volk definieren wollen, mit welcher politischen Überzeugung oder mit welcher Weltanschauung, nie stoßen wir außerhalb der Sprache zu ihm vor; was es außerhalb der Sprache eigentlich ist, bleibt in der sprachlosen Dunkelheit jenseits der Begriffe: Darum die Neigung der Völker, in einer genaueren Weise Begriff zu werden, als sie als Völker sind, sich zu institutionalisieren, Staaten zu werden. Die Sprache des Staates ist eine institutionelle, juristische, an sich eine exaktere als die ideologische oder die religiöse Sprache, doch inhaltsärmer, da es im Wesen der Sprache liegt, an Inhalt zu verlieren, was sie an Genauigkeit gewinnt. Die exakteste Sprache ist die Mathematik, sie enthält nur noch Quantitatives, weshalb die Mystik dazu neigt, den Zahlen Qualität zu verleihen, sie mit Sinn anzureichern. Doch lösen sich mit dem Institutionellwerden eines Volkes, indem es im Staate juristisch faßbar, in eine andere Sprache ›übersetzt‹ wird, die logischen Schwierigkeiten nicht auf, die es in seiner alten Sprache mit dem Begriff ›Volk‹ nicht zu lösen vermochte. Wie es in den Begriff ›Volk‹ seinen Sinn hineinlegte und jene, die diesen Sinn nicht teilten, von ihm ausschloß – wobei schon unklar ist, wer eigentlich seinen Sinn in den Begriff ›Volk‹ legt, das Volk kann es nicht sein, denn ein Begriff vermag nicht seinen Sinn in sich selbst zu legen –, so weist nun der Staat als Institution Minderheiten auf, die der

Staat ausschließt oder der Staat gegen deren Willen für sich fordert. Kommt er in Gefahr, gibt er seine juristische Sprache auf und wendet sich an das Volk oder in marxistischen Ländern an den Volksgenossen, er fällt in die ›Volkssprache‹ zurück. Wie jeder Begriff ist er an die Problematik der Sprache gebunden, die darin besteht, daß die Sprache die ›Wirklichkeit‹ außerhalb der Sprache nur benennt, aber nicht ist. Die Frage dieser Problematik ist bloß, ob sie überhaupt als solche wahrgenommen und nicht als etwas Selbstverständliches übersehen wird: weil Benennen und Sein nicht dasselbe ist, Sprache und Sein, Denken und Sein nicht dasselbe. Es geht nicht darum, daß die Problematik der Sprache nur Logiker oder exquisite Lyriker beschäftigt, erst wenn sie auch die Politiker, ja die Ideologen beunruhigt, kommt die Welt etwas weiter. Denn es ist nicht abzusehen, wieviel Blut um bloßer vager Begriffe willen geflossen ist und – wird das nicht begriffen – wieviel Blut noch fließen wird: unendlich mehr als um Geschäfte. Ginge es nur um diese, die Welt stünde besser da; ein freilich fragwürdiger Satz, weil hinter den Geschäften auch Begriffe stehen, Begriffe, die am schärfsten von Marx konzipiert worden sind, weshalb er denn auch nicht mehr umgangen werden kann. Doch je mehr sich die Welt der Geschäfte und damit der Bereich ihrer Begriffe zerstört, die kapitalistische Welt also – wogegen ich nicht das geringste habe –, je mehr wir in den Bereich der sozialistischen Sprache geraten, was unvermeidlich erscheint, desto mehr läuft die Welt Gefahr, den Begriffen zu unterliegen, die von der absoluten Macht verwendet werden können. Wir vergessen allzuleicht, daß nicht nur Geld Macht verleiht, sondern auch Begriffe Macht verleihen, daß die absolute Macht das größte Geschäft ist und daß die Macht dann erst absolut ist, wenn sie über ein absolutes Begriffssystem verfügt, über eine absolute Ideologie: nicht Stalin machte seine Ideologen möglich, sondern seine Ideologen machten ihn möglich. Nur ein unmerklicher Schritt trennt den Begriffskult vom Personenkult. Ein Großkapitalist vermag höchstens im Namen seiner Firma zu handeln, was man ihm kaum abnimmt; die Besitzer der absoluten Macht, sei es nun ein Einzelner oder ein Kollektiv, handeln gleich im Namen des Volkes, was ihnen die Ideologen, an ihrer Macht beteiligt, abnehmen, ja durch ihre Ideologie ermöglichen: der größte Schwindel, weil er der frechste ist. Die Behauptung, im Namen Gottes zu handeln, war nicht zu überprüfen, weil Gott sich nicht überprüfen läßt. Die Behauptung, im Namen des Volkes vorzugehen, wäre zu überprüfen, doch sie wird nicht überprüft, und würde sie überprüft und es wäre nur einer dagegen, müßte dieser eine ausgeschlossen werden, und es müßte aufs neue überprüft werden, ob nun alle dafür seien, daß in ihrem Namen gehandelt werde, denn es könnte ja sein, daß nun einige dagegen wären, des Ausschlusses des Einzelnen wegen, worauf auch diese ausgeschlossen werden müßten, um auf Grund einer neuen Abstimmung wieder andere ausschließen zu müssen usw. Man soll nicht den Namen Gottes mißbrauchen, man soll nicht den Namen des Volkes mißbrauchen, man soll keinen Namen mißbrauchen, man soll die Sprache nicht mißbrauchen. Sie übt als das eigentlich Menschliche die denkbar größte geistige, auch materielle Macht über den Menschen aus, weil es ihm nie gelingt, auch in Gedanken nicht, sich ihrer Umklammerung zu entziehen.

XX

Das Judentum, das Christentum und der Islam, jede der drei monotheistischen Religionen gründet sich auf die Sprache. Jede der drei Religionen geht vom offenbarten Wort aus, das Christentum zieht darüber hinaus den Schluß, daß dann, wenn er sprach, Gott auch ein Mensch werden mußte, wenn es auch vor dem Schluß zurückschreckt, daß dann aber auch Gott eins mit dem Menschen ist, nicht mit einem, sondern mit jedem Menschen. Die drei Religionen unterscheiden sich vom Heidentum dadurch, daß dieses von Bildern ausgeht, von Göttern und Götzen, wobei das Christentum Gefahr läuft, immer wieder ins Bildliche zurückzusinken, ins Kultische, ins Wörtlichnehmen des Wortes, ins Eindeutige, nicht ins Mehrdeutige, so etwa, wenn beim Abendmahl sich die Hostie in wirkliches Fleisch und der Wein in wirkliches Blut verwandeln sollen, denn wenn auch Gott, glaubt man an ihn, Sprache geworden ist, indem er redete, ist doch seine Sprache nicht identisch mit der Wahrheit, sondern nur ein Hinweis auf sie, sonst wäre sie keine Sprache mehr. Diese Gefahr, sich zu mißbrauchen, droht jeder Sprache, vor allem jener der Ideologie, nur so sind etwa die stalinistischen Schauprozesse zu erklären. Um die Ideologie ins Recht gegenüber den Menschen zu setzen, daß sie sei, was sie meine, damit er, der diese Ideologie verkörpert, Stalin, recht behalte, war der Schuldspruch, aber auch die Selbstbezichtigung der Angeklagten notwendig, als Flucht zurück von der ›falschen‹ in die ›richtige‹ Sprache, als kultische Sprachgeste. (Daneben gibt es heute und gab es seit jeher die Verzweiflung an der Sprache. An ihre Stelle tritt die kultische Tat, der moderne, alte, der uralte Terrorismus. Der Sinn seiner Handlungen liegt nicht in ihnen, sondern wird in sie versenkt, die Handlungen werden mit Sinn angereichert, die ohne ihn sinnlos erscheinen.) Drückt sich aber in der Sprache das religiöse, das kulturelle und das politische Leben eines Volkes aus, das gesamte Leben eines Volkes also, das als Begriff ›Volk‹ eine Rückspiegelung eines schillernden unfaßbaren Faktums hinter der Sprache darstellt, ist im weiteren die Sprache die Schranke, an der sich unser Denken bricht, so kommt es darauf an, wie gewichtig sie ist: je enger wir sie fassen, desto geringer wird ihr Gehalt an ›Wirklichkeit‹. Der Vorteil der religiösen Sprache besteht dann offenbar darin, daß sie mit der Annahme – durch die sie zur Sprache wurde –, es gebe einen Gott, es existiere ein Halt außerhalb des sprachlich Erfaßbaren, die Sprache bis aufs äußerste belastet, mit einem letztmöglichen Sinn versieht (aus dem freilich keine Existenz dieses Sinns zu filtern ist), während in der Physik etwa die Sachverhalte, die von ihrer Sprache dargestellt werden, auch wenn sie nicht gänzlich durch die Sprache erhellt werden können, nicht außerhalb ihres Bereichs liegen, auch wenn dieser Bereich, je genauer die Physik zielt, verschwommen wird. Daß dieses Verschwommene freilich existiert, erfahren wir nicht durch die Sprache, auch nicht durch den Sinn, den wir hineinlegen, sondern durch das Vertrauen, das wir in unsere Sinne legen, in unser Sehen, Hören, Fühlen, Riechen, durch die wir beobachten, auch wenn wir unsere Sinne mit Apparaturen verstärken, mit Teleskopen, Fotografie, Computern usw. Holen wir diese Sinne in unsere Begriffe hinein, übersetzen wir sie, werden wir unsicher, die Begriffe zerstören unsere Sinne, wir vermögen nicht einmal den Beweis zu erbringen, daß wir nicht alles träumen: die Wirklichkeit, in die Sprache gerückt, ist ebensowenig beweisbar wie Gott, sie ist nur unendlich erfahrbarer. Diese eminente, subjektive Erfahrbarkeit des Wirklichen, die es praktisch zu etwas Objektivem macht, steht der Verborgenheit Gottes gegenüber, die ans Unerfahrbare grenzt. Logisch gesprochen ist das Objektive außerhalb der Sprache so wahrscheinlich, daß wir den Zweifel daran zwar nicht auslöschen können, aber unterdrücken dürfen, ist Gott so unwahrscheinlich, daß wir nur an ihn glauben können, ohne Hoffnung, die geringste Stütze für unseren Glauben zu finden, es sei denn die, ihn unwahrscheinlicherweise erfahren zu haben, wobei diese Erfahrung einem anderen gegenüber durch nichts bewiesen werden kann. Darum ist menschlich, allgemein, von Gott nur als Konzeption zu reden, nicht religiös als Wahrheit, als Wirklichkeit: Der Fehler der Theologen ist oft, daß sie zuviel reden. Gott liegt gänzlich außerhalb jeder Rede, jeder Sprache, seine offenbarten Worte, unabhängig vom Glauben an sie und an ihn, auch wenn wir ihn nur fingieren als Wesen außerhalb der Welt, dringen in unsere Wortsphäre von außen, wie Meteore in die Erdatmosphäre, vom gänzlich Sprachlosen und Begriffslosen her: eine bedeutendere Sprachkonzeption, eine gewagtere Fiktion kann es nicht geben, ob es eine ›wahre‹ Konzeption ist, bleibt unbeweisbar, aber auch im Bereich des Logischen unwesentlich, der menschliche Geist verhält sich konzipierend, nicht ›wahr‹, er dringt in die ›Wahrheit‹ vermittels Konzeptionen, er ist nicht identisch mit der Wahrheit. »Gott ist tot« ist ein ebenso nebensächlicher Satz wie »Die Null ist tot«. Die ›Wirklichkeit‹ hat weder einen Gott noch die Null nötig, ebensowenig wie der Sternenhimmel die Teleskope. Der Wissenschaftler benutzt diese Instrumente, um jenen Bereich der ›Wirklichkeit‹ zu beobachten, der sich mit dem Teleskop, vage genug, erschließen läßt, einen verschwindend kleinen Bereich freilich; das Erschlossene muß er zuerst interpretieren, um dann von der Interpretation vorsichtig das Ganze zu konzipieren. Nun scheint der Vergleich mit der Theologie und der Mathematik auf den ersten Blick hin falsch zu sein. Der Begriff Gott und der Begriff Null z. B. sind nicht aus einer Beobachtung heraus entstanden wie etwa der Begriff eines galaktischen Systems, der aus der Beobachtung der Milchstraße und des Andromedanebels geschlossen wurde, Gott und die Null sind Axiome (auch als solche unterschiedlich: Gott ist ein subjektives, die Null ein objektives Axiom), von denen aus sich dialektisch, nicht interpretativ, die ›Wirklichkeit‹ konzipieren läßt. Genauer: *eine* ›Wirklichkeit‹. Somit ist jede ›Wirklichkeit‹ eine Konzeption. Wird aber einmal die schmerzliche Erkenntnis akzeptiert, alles sei ein Kampf zwischen Konzeptionen, geführt in der Sprache, mit blutigen Folgen leider, so werden in und hinter den Worten Zusammenhänge deutlich. Ihnen zuliebe ging ich mehr von religiösen Vorstellungen aus als von politischen, auf Grund der Zusammenhänge, die zwischen den verschiedenen Sprachen bestehen, zwischen den religiösen, politischen, geschichtlichen und ideologischen: durch alle schimmert die ›Wirklichkeit‹ bald deutlicher, bald greifbar nahe, bald entrückt, in schemenhaften Umrissen, bald kaum noch erahnbar, die Sprachen tauchen sie wie in einen Nebel. Und weil es eine Verflechtung innerhalb der Sprachen gibt, als gäbe es eine geheimnisvolle Ursprache, gibt es wohl auch eine Abhängigkeit der Konzeptionen voneinander. Nur dieser Verdacht ermutigte mich, den Versuch zu wagen, diesen Zusammenhängen nachzuspüren, sie wieder in einer Konzeption zu erfassen, in einer Konzeption der Konzeptionen, ist doch die Notwendigkeit des jüdischen Staates im letzten durch nichts als ›wahr‹ nachzuweisen, durch keine Logik, die ja nie das Existentielle erreicht, weil auch sie nicht die Sprache durchbricht, durch keine Geschichte, weil auch sie nur Sprache ist, sondern allein durch eine Konzeption aufzustellen, die einen Sinn setzt: Die ›Wahrheit‹, die sich einst das jüdische Volk zulegte, es sei, weil Gott zu ihm redete, Gottes Volk, diese Wahrheit hat sich in die Sprache zurückgezogen, ist nicht mehr außerhalb der Sprache, ist nur noch für den, der glaubt, eine Wahrheit außerhalb der Sprache, so wie die Wahrheit der Ideologie nur noch für den an sie Glaubenden außerhalb der Sprache ist. Gott kann so nur noch zu Einzelnen, aber nicht zu Staaten reden. Was jedoch die Sprache, als Wort Gottes begriffen, unabhängig davon, ob dieses Begreifen nun wahr sei oder nicht, der Sprache der Ideologie überlegen macht – auch wenn diese ›wahr‹ wäre –, ist ihre ungleich größere Konzeption, wenn auch, so gesehen, der Unterschied vorerst nur ein ästhetischer ist: Ohne Zweifel ist Jeremias ein sprachlich gewaltigeres Dokument als das *Kapital*, aber mit diesem ästhetischen Dokument ist nichts entschieden, weder Jeremias noch Marx ging es um die Sprache, es ging ihnen um das, was sie, nicht wie sie es zur Sprache brachten. Es ging ihnen um die ›Wahrheit‹ außerhalb der Sprache. Erst mit der Erkenntnis, daß, was zur Sprache gebracht wird, auch bloß Sprache ist, wird das Ästhetische hinfällig, mehr noch, wenn die Sprache nur noch Sprache sein kann, wird alles hinfällig, wird jede Aussage unmöglich. Von dieser äußersten der denkbaren Konstellationen her, in der noch Sprache möglich ist, sind die letzten großen Juden Karl Kraus und Albert Einstein zu begreifen, ›letzte‹ insofern, als hier Endspiele stattfinden. Für Jeremias und

Marx lag das ›Was‹ außerhalb der Sprache, der eine meinte sein Volk in Beziehung zu Gott, der andere den Menschen in Beziehung zum Menschen. Bei Karl Kraus erscheint der Mensch in seiner Beziehung zur Sprache, ist die Sprache das Menschliche; und indem sie das Menschliche ist, richtet die Sprache über die Sprache: der Mensch kommt vor sein eigenes Gericht. Bei Albert Einstein kommt das Nichtmenschliche zur Sprache, das Kosmische, doch so, daß es seinem Wesen nach nur Sprache sein kann, denn die Welt außer uns, die Einstein meint, ist auch außerhalb des Bildes, das wir uns von ihr machen, sie ist nicht mehr anschaulich, nur noch Sprache, mathematische Sprache, und nicht mehr in eine andere Sprache übersetzbar. Bei Karl Kraus verdichtet sich das Weltgericht in der Sprache, bei Albert Einstein wird das Weltgericht durch die Sprache herstellbar: durch die Atombombe. In Karl Kraus und Albert Einstein spult sich der menschliche Geist gleichsam wieder zurück, zwangsläufig und unerbittlich, auf einer höheren Ebene freilich: bei dem einen zurück in die kultische Sprache, die alles in sich hineinsaugt, noch weiter zurück in die magische Sprache beim anderen, die aus der Formel die Gewalten hervorbrechen läßt, den Widerschein des Blitzes, der am Anfang war. Was nach diesen letzten Sprachkonzeptionen bleibt, wäre das Schweigen als Kapitulation vor der Sprache. Nur der kapituliert nicht, der den Glauben an die Sprache als Aberglauben durchschaut. Die unerbittliche Grenze des Menschen kerkert ihn nicht ein, sondern weist ihn nur zurecht, nicht das Unmögliche zu wollen, indem man das Mögliche unterläßt: sich einen Sinn zu geben, einen Sinn außerhalb der Sprache zu konzipieren. Freilich, das scheint von der Sprache aus unmöglich: So lache man denn die Sprache aus, wenn auch nur der das Recht zu

Herman

diesem großen Gelächter hat, der weiß, warum er lacht. So gilt es auch für Israel, einen neuen Sinn außerhalb der Sprache zu konzipieren. Dieser Sinn vermag weder im Religiösen noch im Ideologischen, sondern nur im Politischen zu liegen, im sprachlich gänzlich Ungenauen, Ungefähren, im mühsamen Ausprobieren von Worten, sich dem anderen verständlich zu machen. Doch gerade deshalb, um diesen neuen Sinn zu finden, muß vorerst vom alten Sinn ausgegangen werden, nur in ihren religiösen Konzeptionen stehen sich im jüdisch-arabischen Konflikt – obgleich Israel ein moderner Staat ist und die arabischen Staaten es sein möchten – Gleiches und Gleiches und doch anderes gegenüber. Indem aber der jüdisch-arabische Konflikt der Sprachen begriffen wird, geht er uns alle an, wir alle sind in seine Zusammenhänge verfilzt: bleibt er in der Sprache, gleichwie sie sich umwandle, kommt er nicht aus der Sprache heraus, endet er mit einer Katastrophe, mit der Vernichtung des schwächeren Partners, bereitet er die Katastrophe der Menschheit vor; überwindet er die Sprache, findet er von der menschlichen Grenze ins menschliche Spielfeld zurück, findet der Konflikt eine menschenwürdige Lösung, wird er zu einer Verheißung für alle. Alles geht uns alle an.

## XXI

In wessen Namen Israel denn auch verurteilt wird, im Namen der Araber, im Namen des neutralen Blocks, im Namen der Progressiven, im Namen der Frau, im Namen der UNESCO, vielleicht auch bald im Namen der UNO oder gar im Namen der Freiheit und der Gerechtigkeit: es sind mißbrauchte Namen, hingeschmiert von unehrlichen Richtern unter gefälschte Dokumente. Doch bleibt eine Bitterkeit zurück: die Unehrlichkeit des Marxismus. Er akzeptiert den Begriff ›Volk‹ bei den Palästinensern, die diesen Begriff anders als die Marxisten verstehen. Die Palästinenser begründen mit diesem Begriff das Recht auf einen eigenen Staat, sie verwenden ihn wie die Juden, die aus ihrem Begriff ›Volk‹ ein Recht auf ihren Staat herleiten. Die Marxisten dagegen leiten aus ihrem Begriff ›Volk‹ das Recht ab, einen marxistischen Staat zu errichten, der an sich zwar auch ein Unding ist, aber als Übergang zur klassenlosen Gesellschaft gedacht wird, die dann das nutzlos gewordene Gerüst des Staates abwirft. (Daß einige nationale kommunistische Parteien hier lavieren, spielt nur eine taktische Rolle.) Die Marxisten haben an einem demokratischen Staat kein institutionelles, sondern nur ein Wort-Interesse, am wenigsten an einem Staat, den Arafat propagiert und an den er wohl glaubt, an einem mohammedanisch-christlich-jüdischen Staat. Dieser Staat ist aus marxistischer Sicht ein Unsinn, will man die Marxisten ernst nehmen, sind doch die mohammedanischen, jüdischen und christlichen Elemente irrelevant. Daß sich die Palästinenser über das, was sie wollen, über die Konzeption ihres Staates, nicht einig sind, ist offenkundig, aber für die Sowjetunion gleichgültig. Ihre Einmischung in die Auseinandersetzung zwischen Israel und den Arabern hat allein machtpolitische Motive. Die Sowjetunion geht ihrem Beruf als Weltmacht nach. Ideologisch, das heißt auf die Doktrin bezogen, die sie angeblich vertritt, ist diese Einmischung allein sprachlich, das heißt nur noch sophistisch begründet, insofern dieser Sprache jeder Bezug auf die ›Wirklichkeit‹ gleichgültig ist:

Die Sowjetunion als Institution, die sich ideologisch begründet, behandelt die politische ›Wirklichkeit‹ wie die katholische Kirche die Erotik: dogmatisch. Sie tut so, als ob die ›Wirklichkeit‹ eins mit den Definitionen wäre, die sie sich von ihr gemacht hat, sie lebt nicht mehr in der Spannung zu dieser Wirklichkeit, in der Spannung zwischen Sprache und Gemeintem, es gibt nur noch Sprache, nur noch Ideologie, mit der beliebig zu jonglieren, aus der heraus jeder Zug der Machtpolitik beliebig zu begründen ist. Ihre Unfehlbarkeit besteht nicht an sich, sondern in sich, es ist die scheinbare Unfehlbarkeit eines rein begrifflichen Systems. Das russische Imperium steht, insofern es noch ein sozialistisches Gebilde darstellt, wieder einmal auf der falschen Seite, auf jener der Reaktion, auf jener der Araber (reaktionär ihrer Haupttendenz nach). Sind die Palästinenser für die marxistische Welt so bloß ideologisch existent, können sie von ihr jederzeit fallengelassen werden, verlangt es die Machtpolitik, fragt es sich, was die Palästinenser außerhalb der Ideologien darstellen, von denen sie benutzt werden. Nur für Israel sind sie ein existentielles, nicht ein ideologisches Problem. Sie hatten nie einen Staat. Sie haben nie gehabt, was sie jetzt wollen auf Grund dessen, was die Juden wollten, weil diese es mußten: einen Staat; und was die Palästinenser jetzt haben, wollen sie nicht, denn es ist nichts, was sie haben. Sie jagen einer Idee nach: das zu sein, was Israel ist. Das können sie nur sein, wenn sie wie Israel werden. Dazu braucht es Zeit, und Zeit ist identisch mit Frieden, denn ihre Existenz ist nur durch die Existenz Israels möglich, geht Israel unter, ist es ihr Untergang: sie können auch von den ›Arabern‹ jederzeit fallengelassen werden. Sie werden Syrer oder Ägypter oder Jordanier, je nach dem Ausgang der Kämpfe, die dann unter den Arabern entbrennen, gesetzt, die Araber besiegen Israel. Die Existenz des jüdischen Staates bekommt damit den politischen Sinn, den Palästinensern zu ihrem Recht zu verhelfen: zu ihrem Staat. So klein dieser Landstrich ist, den wir Palästina nennen, ein Nichts auf dem Globus, er hat Platz für zwei Staaten, wie er Platz für viele Kulturen hat. Das setzt voraus, daß die Palästinenser den jüdischen Staat anerkennen und die Juden den palästinensischen. Mit Jerusalem als beider Hauptstadt, aber dennoch ungetrennt. Das scheint utopisch. Das Zukünftige ist immer utopisch. Aber die Juden sträuben sich, und Arafat hat sich den Weg versperrt. Nach seiner Rede vor der UNO kann er Israel nicht mehr anerkennen. Wenn er nachträglich seine Rede zu mildern versucht, etwa vorschlägt, Israel solle sich auf die Grenzen von 1948 zurückziehen, so schlägt er das nur aus taktischen Gründen vor, wie er selbst zugibt, aber auch mit der Absicht, Israel den Weg zum Frieden zu versperren, um weiterhin im Recht zu bleiben. Befolgt Israel seinen Vorschlag, ist es dann um so leichter zu besiegen, befolgt es ihn nicht, hat er das Recht, es wieder anzugreifen. Arafat vermag sowenig zurückzugehen, wie einst Hitler nach der Niederschrift seiner Politik in *Mein Kampf* zurückgehen konnte und wollte. Was Hitler später als Staatsmann sagte, war bloß taktisch gemeint, im genauen Wissen, daß die Menschen das glauben, was sie hoffen. Und so wie die Menschen hofften, Hitler habe sich geändert, glauben nun die Menschen, Arafat werde sich ändern. Ich weiß, viele wird es stören, daß ich Arafat nicht nur so ernst nehme, wie man Hitler hätte ernst nehmen sollen, sondern auch noch mit Hitler vergleiche. Ich hoffe, daß jene, die das stört, es auch gestört hat, daß Arafat die Juden mit den Nazis verglich, mit ihren Mördern, die fast ein Drittel des jüdischen Volkes umbrachten. Doch vergleiche ich Arafat nur ungern mit Hitler. Arafats Politik ist noch tragisch. So sehr ich den Terror verabscheue, ich hasse ihn nicht mehr als den Krieg: auch dieser ist Terror. Arafat führt im Frieden den Krieg gegen Israel, den im Krieg die Syrer und Ägypter gegen Israel führten, nur so ist er in der Lage, jene Palästinenser, die den jüdischen Staat nicht wollen, zu repräsentieren. Doch für Arafat bietet sich, will er seine These von einem palästinensischen Staat aufrechterhalten, keine andere Alternative, als gleichsam Israels Platz einzunehmen, er muß diesen Staat zerstören, weil es für die Palästinenser keinen Platz in der arabischen Welt gibt: ohne Israel wären die Palästinenser Jordanier und Ägypter geblieben, sie sind nur dank Israel Palästinenser. Indem Arafat im Frieden Krieg führt, zwingt er auch Israel im Frieden zum Krieg, berechtigt er die Juden zu ihren Vergeltungsangriffen auf palästinensische Lager. Mit Absicht. Versucht er doch, mit den verständlichen Gegenangriffen der Juden seinen Terror nachträglich zu rechtfertigen. Damit bekommen die Terrorakte noch einen weiteren Aspekt, jenen nämlich, die ideologisch geforderte Unmöglichkeit eines Friedens zwischen Arabern und Juden zu demonstrieren. Was der Krieg im Großen tut, vollbringt der Terror im Kleinen: er manipuliert die Wirklichkeit, damit sie so sei, wie nicht das Existentielle beweist, sondern das Ideologische behauptet. Die Terroristen manipulieren die Wirklichkeit, von der sie behaupten, daß sie manipuliert sei (daher die arabischen Demarchen gegen die Schweizer Presse, analog den Nazi-Demarchen gegen diese). Der Terror dient Arafat dazu, vor der Weltöffentlichkeit recht zu bekommen, die wiederum wünscht, daß Arafat recht habe, um endlich von ihrem schlechten Gewissen den

Juden gegenüber befreit zu werden; vor der UNO hat Arafat schon recht bekommen, nächstens wird die Meinhof dort sprechen. Diesen Aspekt des Terrors, nachträglich die Welt nach dem Bilde zu formen, das man bekämpft, sollte Israel bedenken. Will es als Staat bestehen, setzt dies das strikte Einhalten von Spielregeln voraus, die von den Gegnern dieses Staates nicht anerkannt werden. So berechtigt Israels Vergeltungsangriffe jenseits seiner Grenzen auch sein mögen, vielleicht wäre es weiser, sie zu unterlassen und den Terror nur im eigenen Lande zu bekämpfen und in den Gebieten, die es besetzt hält. Nicht zu tun, was der Gegner erwartet, sondern zu versuchen, eine Alternative zu Arafat aufzustellen. Besteht doch gerade das Unbegreifliche in Israel darin, daß man bei einem Besuch dieses Landes den Konflikt zwischen Palästinensern und Juden nicht mehr versteht, weil einem doch das friedliche Zusammenleben beider Völker täglich vorgelebt wird: in der ›Wirklichkeit‹, die für die Ideologen nicht existiert. Was ideologisch scheinbar unmöglich ist, ist existentiell täglich wirklich. Auch sollte Israel über zwei Waffen verfügen, die ihm Jahrtausende hindurch die Geschichte als ihr einziges Geschenk hinterließ: die Weisheit und die Geduld. Es besitzt nur diese zwei Waffen. Daß auch die Weisheit und die Geduld nicht allmächtig sind, ist nicht zu ändern. Waffen sind nicht allmächtig. Die Weisheit muß gehört werden, beim Ungeduldigen richtet die Geduld nichts aus, und an die Vernunft appelliert man nur mit einem bitteren Gefühl: sollte doch der Mensch an sich vernünftig sein. Dennoch bleibt Israel nichts anderes übrig. Braucht es die Geduld, um jetzt zu überleben, wird es die Weisheit brauchen, um später zu überleben. Was kommt, weiß niemand. Die Konstellationen ändern sich, änderten sich schon. Eine Voraussage ist unmöglich, weil auch das jetzt Unmögliche einmal möglich werden kann, wenn es um die Rettung des jüdischen Staates geht, um die Rettung der Rettung. Eine Verständigung zwischen den Mächtigen ist immer möglich; eine Verschiebung im weltpolitischen Kräftespiel, und unversöhnliche Feinde versöhnen sich: Dann kann es sein, daß der jüdische Staat den nicht vergessen darf, den alle vergessen haben: seinen palästinensischen Bruder.

## *Vierter Teil*

### XXII

Meine Damen und Herren, um zum letztenmal diese Anrede zu gebrauchen, ich bin nicht gekommen, Ihnen Ratschläge zu geben. Ich bin ein Schriftsteller, meine Aufgabe ist, meine Meinung zu sagen, auf Grund meiner beruflich bedingten Fähigkeit, sie auch einigermaßen notdürftig formulieren zu können. Ich verschweige nicht, daß mich eine große Sorge um das Land Israel bewegt, sicher auf Grund meiner Herkunft, pflegte doch schon meine Mutter, jetzt achtundachtzig Jahre alt, mich als Kind mit den Geschichten des Alten Testaments zu begeistern; das alles mag für Sie nebensächlich sein, nun, da ich ein Mann geworden bin, Vater von Kindern, nun, da dieses Kinderland vom unerbittlichen Moses, die Gesetzestafeln zerschmetternd, von der wilden Deborah, von Saul, von David und Goliath, von Salomo und von den ungestümen Propheten, von Jesaja und Jeremias, von Daniel und dem zaghaften Jonas, plötzlich Wirklichkeit geworden ist, jetzt bedroht, wie es damals von Ägyptern, Assyrern und Babyloniern bedroht worden war, jetzt verschweige ich nicht, daß mich die gleiche Sorge bedrängt, die mich in meiner Kindheit bedrängte, dieses Volk könne untergehen, mit dem Unterschied nur, daß mich damals das biblische Wissen beruhigte, es sei unmöglich. Dieses Wissen fehlt mir heute. Denn die Zukunft wissen wir nicht. Nur die Sorge bleibt, die Sorge um das Land, das mit der Zeit, nach sinnlosen Kriegen, vernichtet werden kann wie jedes Land. Doch neben der Sorge gibt es die Hoffnung, der Sinn besiege den Unsinn, die Chance zusammenzuleben, Juden und Palästinenser, sei stärker als der immerwährende stupide Vorgang, zusammen unterzugehen. Gewiß, es tut mir leid, nicht positiver zu Ihnen reden zu können und geredet zu haben, aber ich überlasse das positive Reden den Gesundbetern; ich meine nun, es sei mutiger, die Sorgen, die Sie haben, mit Ihnen zu tragen, als Sie, als Schweizer, dessen Land wahrscheinlich, direkt oder indirekt, einen großen Teil der arabischen Ölmilliarden verwaltet, mit schönen Worten zu trösten, meine aber auch, es sei ehrlicher, Sie zu ermutigen, auch wenn ich dazu nicht berechtigt bin, es sei denn, meine Liebe zu Ihnen spreche für mich, denn der Staat Israel, indem er unwahrscheinlicherweise *wurde*, ist trotzdem geworden, allem zum Trotz, das sich seinem Werden entgegensetzte, in der Vergangenheit nicht weniger entschlossen als heute, liegt doch gerade darin auch ein Hinweis auf seine Notwendigkeit: *insofern* nämlich seine Sache, die Sache dieses angefeindeten kleinen Staates, eine gerechte Sache ist, vermag sie auch nur unmittelbar einzuleuchten. Sie stellt dann ein geschichtliches Axiom dar, das nur noch ideologisch, doch nicht mehr existentiell angezweifelt werden kann. Daran muß sich die Politik des Staates Israel halten, was immer für Opfer auf ihn zukommen: daß seine Notwendigkeit immer glaubhafter dadurch werde, daß sie als eine gerechte Sache erscheine. Daran haben wir zu arbeiten, Ihr, die Ihr in diesem Staat lebt, und wir, die wir Eure Freunde sind. Doch kommt mir dieser Schluß etwas phrasenhaft vor. Wie soll ich jemanden ermutigen, der mutig ist, denn wer nach Israel kommt, lernt etwas kennen: den Mut. Nicht einen heroischen, nicht einen Nibelungenmut, sondern den selbstverständlichen Mut, der allein dem Menschen die Würde gibt. Ich habe viel geredet, lange geredet, viel zu lange geredet, aus dem einzigen Grunde wohl, weil ich nie einen Schluß gefunden habe. Erst in Beerschewa, in dieser Stadt in der Wüste, umgeben von den Zelten der Beduinen, begriff ich, warum ich keinen Schluß finden konnte: weil er mir nicht zukam. Weil nicht ich Ihnen etwas zu geben hatte, sondern weil Sie mich beschenkt haben, mit der Einsicht nämlich, wie der Mensch das Leben würdig besteht. Mit Tapferkeit. Ich danke Ihnen.

Damit wäre schön zu schließen, und damit habe ich meine Rede in Beerschewa geschlossen, froh, zu einem Ende gekommen zu sein, wie man eben seiner Rede ein Ende setzt, irgendwie doch noch ins Positive geratend, ins Tröstliche, damit aber auch ins Groteske: Ein Dank für einen Mut, den er nicht selber aufbringen mußte, sondern den die Angesprochenen bewiesen haben, schließt den Redner, indem er seine Rede damit abschließt, endgültig in seine Rede ein und läßt die Angesprochenen draußen. So war ich denn eigentlich froh, Beerschewa noch am gleichen Tag verlassen zu können, erleichtert, von nun an keine Rede mehr halten zu müssen, aber mit dem unguten Gefühl behaftet, ein Don Quijote gewesen zu sein, der vor einem Publikum aufgeführt hatte, was es von ihm erwartete: seine Attacke gegen die Windmühle – nicht als Abenteuer mehr, das sie einst gewesen war, sondern als groteske Wiederholung. Das Publikum weiß, daß es sich um eine Windmühle handelt, Don Quijote weiß es, und trotzdem tun alle so, auch Don Quijote, als handle es sich um einen Riesen, der da unter freundlichem Beifall der Zuschauer angegriffen werde, und die Attacke sei eine wirkliche Heldentat. Wir fuhren den alten biblischen Weg über Bethlehem nach Jerusalem zurück. Wir hatten diese Stadt, bevor es nach Tel Aviv, auf den Golan, nach Haifa und Beerschewa ging, an einem Nachmittag durchstreift. Wir waren durch das Löwentor eingedrungen, gemächlich, gegen unsere Gewohnheit Schritt für Schritt, doch es war nicht anders möglich gewesen, unser Begleiter hatte uns jeden Stein erklärt. Wir hatten vor einer alten romanischen Kreuzfahrerkirche gestanden, etwas verständnislos, in Europa gibt es viele solche Kirchen; dann ein umständliches Hinuntersteigen von einem Keller in einen noch tieferen, immer weiter hinunter, Wegweiser, ein Labyrinth, ganz unten der Fels, auf dem die Stadt steht, eingeritzt Zeichnungen römischer Legionäre; später, wieder aufgetaucht, durch Höfe und Hinterhöfe, über Treppen, eine Mauer entlang zu einem Fenster, hatten wir einen Blick auf den Bezirk der beiden Moscheen werfen können, unter uns, glaube ich, hatte sich das alte Areal der Burg Antonia ausgebreitet. Dann war es Zeit gewesen zurückzukehren, den Vortrag vorzubereiten, und von diesem Augenblick an, seit diesem Abwenden von der Stadt, hatte mich der Schatten meiner Rede nicht verlassen; bevor ich sie zum erstenmal hielt, wußte ich, daß sie diesem Lande und diesen Menschen nicht gewachsen war. Jetzt aber, etwas mehr als eine Woche später, da wir nach unserer Reise mit der dreimal mißglückten Rede wieder in Jerusalem wohnen, nun privat, wenn auch als Gäste der Stadt, dringe ich allein in die Altstadt ein, vom Jaffator aus, mit der Leichtigkeit eines Gestrandeten, dem sein Gepäck, das ihn quälte und beschäftigte, unfreiwillig abhanden gekommen war: ein ständiger Abstieg durch schmale Gassen, überall kleine Geschäfte, zu Hunderten, ein Basar, ich bewege mich in einem Menschengedränge, Touristen, Araber, hin und wieder jüdische Soldaten mit Maschinenpistolen. Ein Palästinenser bemächtigt sich meiner: Ali oder Ibrahim oder Jussuf, ich weiß es nicht mehr, ich bin gerührt über die natürliche Freundlichkeit. Er zeigt mir einige Ruinen, in denen wir herumklettern – »Hussein bumbum!« –, zeigt mir eine Karte, Ali oder Ibrahim oder Jussuf sei ein großartiger Führer gewesen, steht darauf. Erst jetzt begreife ich, daß ich mich von einem Fremdenführer hatte führen lassen. Die Karte ist unterschrieben mit Jakob Stützli oder Gottfried Hürlimann oder Anton Hinterkehr oder wie sonst die Unterschrift lautet, ich weiß nur, daß der Unterzeichnete aus Herrliberg nach Jerusalem gekommen und wie ich diesem Ali oder Ibrahim in die Arme gelaufen war. Auf einem verlassenen Bauplatz, inmitten spielender Kinder, verlangt Jussuf Schweizer Franken, zieht weitere Karten mit Unterschriften hervor, erzählt von seinem Kindersegen mit einer generösen Geste zu den Kindern hin, ich weiß nicht recht, ob es seine Kinder sind. Er ist enttäuscht, denn mehr als einen Zehnerschein habe ich nicht bei mir. Er tut mir leid, ein guter Komödiant wie er verdient ein besseres Honorar, ich verstehe die Verbitterung des Künstlers. Er führt mich nicht weiter, entfernt sich grußlos. Ich klettere durch die Ruinen zurück, verirre mich, gelange vor den Eingang zu den Moscheen: zu spät, er ist den Nichtmohammedanern verschlossen. Am nächsten Tag sind meine Frau und ich rechtzeitig da. Im Felsendom steigen wir eine schmale Treppe hinunter, eingezwängt in die Touristen; in einem kleinen Raum kauert unbeweglich ein Muslim, liest im Koran, durch eine Luke fällt Licht auf das heilige Buch. Sein Gebet umgibt ihn wie eine undurchdringliche Mauer, an der die Blicke abprallen. Ich bin verlegen, hinuntergestiegen zu sein. Dann die El-Aqsa-Moschee mit der Silberkuppel, ich bin verwirrt, beide Moscheen kommen mir nicht fremdartig vor, wie ich erwartet hatte, nicht feindlich, nicht abweisend. Die Klagemauer beim Einbruch der rot-gelben Dämmerung, der Tag war heiß gewesen, ich nur in Hemd und Hose, plötzlich bricht die Kälte herein, die Frauen bleiben im Wagen, ein Kommen und Gehen, die Männer schlagen den Kopf gegen die uralten Quader, beten, gestikulieren miteinander, gehen an eine andere Stelle, schlagen den Kopf wieder gegen die Mauer, beten weiter, urtümlicher, unheimlicher als das stumme Hinwerfen in den Moscheen, als das betende Kauern des einsamen Muslim in der Gruft: gibt man sich dort in die Gewalt eines Gottes, wird an der Klagemauer ein Gott bestürmt. Irgendwann in der Grabeskirche, ein Durcheinander von architektonischen Stilen, Gesänge, Gebete, Jünglinge, weißgekleidet, mit Kerzen; ein mächtiger, auf einmal fremdartiger Eindruck von Heidentum, als hätte das Christentum hier nichts zu suchen, als hätte es hier sein Recht verspielt, als hätte auch ich hier nichts zu suchen. Dann, irgendwann an einem Sonntag, breche ich auf, nehme mir ein Taxi. An einer Straßenkreuzung werden wir von einem Lastwagen von hinten gerammt, der Taxifahrer flucht, der Lastwagenfahrer flucht, Polizei kommt, ich nehme ein anderes Taxi, mein Nacken schmerzt. Ich lasse mich nach der Äthiopian-Straße fahren, mit dem Ziel, das Bucharian-Viertel zu erreichen. Das Genick schmerzt noch immer, doch das Gehen tut mir gut. Ich verirre mich, versuche vergeblich, mich auf der Karte zu orientieren. Auch sonst scheine ich verirrt zu sein, in eine andere Zeit:

Männer im Kaftan, mit Kniehosen, Strümpfen, Schnallenschuhen kommen mir entgegen oder werden von mir überholt; ein uralter Jude, schwarze Haare mit weißen Schläfenlocken, wankt eine steile Straße hinunter, ein junger Jude stützt ihn, gleich gekleidet, krummbeinig, eine Parodie von einem Juden. Die Frauen häßlich, in schwarzen Kleidern, rasierte Augenbrauen, die Haare versteckt. Doch das Unheimliche: Ich bin nicht, alle starren durch mich hindurch, ich komme mir vor wie ein Gespenst, verlaufe mich in Sackgassen: kleine Häuser, Hinterhöfe, in die ich scheu eindringe, reinlich, gepflegt. Wo Jerusalem liegt, das bekannte, touristendurchflutete, die Befestigungstürme der Altstadt, die bezinnte Stadtmauer, die Omar-Moschee usw.: keine Ahnung. Dann eine breite Straße, ein Autobus, trotzig durchquere ich sie, gehe weiter, verliere mich wieder in Gassen und Gäßchen, plötzlich ein modernes Gebäude, irgendein Institut einer Stiftung, wieder ein Straßengenist, ein Platz, eine Pinte, Betrunkene, alle im Kaftan, unmäßig still in ihrer Trunkenheit, die Sonne grell untergehend. Ich gehe eine Allee entlang, der Nacken schmerzt nicht mehr, wie lange nicht mehr, ich weiß es nicht. Eine Synagoge, ein kleiner dürftiger Garten, auf einer Bank ein junger Jude, schwarze Schläfenlocken, hager, große dunkle Augen, volle rote Lippen, ich frage, wo ich um Gottes willen sei, zuerst in Englisch, das ich miserabel spreche, dann in Französisch, er glotzt, starrt mich an, dann spreche ich deutsch, er antwortet jiddisch. Ich zeige auf die Karte, er weiß sie auch nicht zu deuten oder will sie nicht deuten, zuckt die Achseln, wendet sich ab, läßt mich stehen, vielleicht irgendeinem Problem nachgrübelnd oder einfach weil ich ihm gleichgültig bin, in eine Welt verirrt, von der ich nichts weiß. Ich gehe weiter in die Richtung, wo ich Jerusalem vermute, die Altstadt muß schließlich irgendwo sein, ich gerate vor eine weitere breite Straße, vielleicht die gleiche wie vorhin, eine Autobushaltestelle, einige Menschen, die warten, jenseits ein Feld, eine Einöde besser, fast ein Stück Wüste oder verdorrte Steppe, in der Ferne einige Häuserblocks, vereinzelt, noch weiter niedriges Gebirge, ein trostloser unbestimmter Himmel, die Sonne ist untergegangen. Ich frage, verständnisloses Anstarren, kein Versuch, sich mit mir zu verständigen. Plötzlich redet mich ein alter Mann an, auf Deutsch mit holländischem Akzent, was zum Teufel ich denn in dieser Gegend mache. Das ›zum Teufel‹ irritiert mich ein wenig. »Ich will nach Jerusalem«, antworte ich unbeholfen. »Sie sind ja hier«, meint er trocken. »Ich möchte in die Altstadt«, entgegne ich ungeduldig, ein plötzlicher Drang zu urinieren hat mich erfaßt, ich trete von einem Bein aufs andere, »das heißt, nicht eigentlich in die Altstadt, aber wenn ich sie erreiche, kann ich mich orientieren.« »So gehen Sie eben in die Altstadt«, meint er trocken, mich spöttisch musternd. »Wenn ich in diese Richtung gehe«, frage ich und weise auf das Feld jenseits der Straße, »komme ich dann zur Altstadt?« »Sie kommen zum Roten Meer«, sagt er und spannt mit beiden Händen seine Hosenträger, läßt sie zurückprallen: »Was sind Sie denn?« »Schweizer«, antworte ich. »Und warum sind Sie in dieser Gegend?« fragt er hartnäkkig weiter. »Ich habe mich verlaufen«, antworte ich und frage etwas boshaft zurück, warum er denn hier sei. »Weil ich hier sein muß«, sagt er und beobachtet mich dabei, ohne Spott, aufmerksam, und dann weist er die Straße entlang: »Gehen Sie in diese Richtung«, und kehrt mir den Rücken. Ich warte, bis der Bus kommt, einige steigen aus, die anderen steigen ein. Ein altes Weib, unförmig, bleibt, starrt mich an, bösartig, ich bleibe, hoffe, daß sie sich verzieht. Sie bleibt und starrt mich an, ich gehe ins Feld hinein, zwischen Steinen durch, kehre ihr den Rücken zu; als ich zurückkehre, starrt sie mich immer noch an. Ich schlage die Richtung ein, die mir der Mann mit den Hosenträgern geraten hatte, die Frau schaut mir immer noch nach, ich spüre ihren Haß, vielleicht Einbildung, vielleicht ist sie längst gegangen, ich wende mich um, sie steht immer noch an der Haltestelle. Auf einmal sehe ich die goldene Kuppel der Omar-Moschee, beeile mich, erreiche das Damaskustor, von dort gehe ich die Stadtmauer entlang zum Jaffator, dann ist es ein leichtes, das Mishkenot Sha'ananim zu finden. Doch während ich die Stadtmauer entlangtrotte, der Himmel schieferblau, bald Nacht, der Nacken schmerzt wieder, doch bin ich zu stolz, ein Taxi zu nehmen, unsinnig, warum eigentlich nicht, die Stadtmauer scheint sich endlos hinzuziehen, das Jaffator will und will nicht auftauchen, bei diesem Dahintrotten, an Taxichauffeuren vorbei, die mir zurufen, kommt mir meine Rede wieder in den Sinn, sie überfällt mich wie ein Feind, sie kommt mir jämmerlich vor, noch nichtswürdiger als in Beerschewa. Die alte dicke, feindselige Frau, die beobachtet hatte, wie ich mich ins öde Feld begab, zwischen die Steine; der Jude mit den breiten Hosenträgern will mir nicht aus dem Sinn, sein Unwille, sein Zorn, auf diesem Flecken Erde bleiben zu müssen, inmitten von Menschen, die sich nach einer Mode kleiden, die es nicht mehr gibt, mit Gesetzen verhaftet, die er, ich spüre es, demonstrativ ablehnt: zwei Gestalten, die sich ineinanderschieben, eins werden. Und daneben meine Freiheit, hier nicht sein zu müssen, verbunden mit meiner Anmaßung, über ein Volk zu reden, das doch vielleicht nur in meiner Einbildung so ist, wie ich behaupte, daß es sei, das seinen Gott, insofern es an seinen Gott glaubt, erlebt und nicht fingiert, nicht konstruiert, wie man eben einen Punkt, eine Gerade oder die Null konstruiert oder gar das Nichts (die größte aller Konstruktionen), und wie mir das alles aufgeht und wie mir ein Taxichauffeur, meine Müdigkeit bemerkend, immer lauter zuruft, ich solle doch einsteigen, neben mir herfahrend mit eingeschalteten Stadtlichtern, endlich zurückbleibend, ohne daß ich mir die Mühe genommen habe, mich nach dem mir Zurufenden umzuwenden, wird mir erst recht bewußt, daß ich auch von ihnen, diesen Palästinensern, nichts weiß, von ihnen, die hier bleiben müssen wie der Jude mit den Hosenträgern, wie das unförmige, unbewegliche Weib, daß eine Begegnung mit einem Fremdenführer und mit einem Betenden nichts bedeutet, daß ich während meiner Reise an der Wirklichkeit entlanggegangen bin wie an einer Mauer, in der sich kein Tor befindet, die nicht zu übersteigen und endlos ist. Ich erreiche das Gästehaus, in der Halle sitzt ein Palästinenser, schaut das jordanische Fernsehen an; er versteht nicht Hebräisch, darum hat er auch das Recht, das feindliche Fernsehen einzuschalten. Von unserer Wohnung sehe ich die Altstadt, die Mauer aus der Mameluckenzeit, von Scheinwerfern beleuchtet, goldgelb überflutet. Ich steige die Treppe zu meinem Arbeitszimmer hoch, beginne die Rede wieder von vorn, sinnlos eigentlich, zerschneide die Rede, montiere sie um, gehe dramaturgisch vor, schreibe Ergänzungen, klebe sie neu zusammen, verpfusche sie hoffnungslos. Am nächsten Tag Flug nach Elath. Unter uns die Wüste, die Erde nackt, als fliege man über eine unermeßliche Landkarte, phantastische Formationen, Flußbette, Täler, Bergrükken, an die Marsbilder erinnernd, die von der amerikanischen Sonde auf die Erde gefunkt wurden, ein Land, irgendeinmal vor Urzeiten bewaldet, wasserreich, Flüsse, Tümpel, Tierherden, den Boden langsam leergrasend, den unerschöpflichen, der nicht unerschöpflich war. Er versteppte, trocknete aus, versandete. Hinunterstarrend auf diese tote Welt wird mir klar, daß der Gott, den die Wüste hervorbrachte, dieser unsichtbare Gott, der Gott Abrahams, welcher der Gott der Juden, Christen und Mohammedaner wurde, eine Erfahrung der Wüste ist, nicht ein Schluß der Philosophie oder eine Konzeption, und daß, fehlt diese Erfahrung, uns die Sprache fehlt, von ihm zu reden, über ihn läßt sich nur schweigen. Jakob, der mit ihm rang am Flusse Jabbok, Moses, von ihm mit dem Tode bedroht bei der Herberge, Moses, von ihm hingeschmettert auf den Berg Sinai, der Berg bebte so sehr, daß er donnerte, Moses, allein gelassen, halb vom Geröll bedeckt, in einer schwarzen Wolke, die ihn umhüllte, aus der ihm Gottes Gebote entgegendröhnten, Jesus, in der unermeßlichen Wüste kauernd, ihm gegenüber jener, der ihn versuchte, von dem wir nicht wissen, wer er war, soll doch gebetet werden: »Führe uns nicht in Versuchung«, Mohammed, von Offenbarungen umgellt, so daß er erzitterte, samt dem Kamel, auf dem er saß: Der Gott der Wüste läßt sich weder konzipieren noch entmythologisieren – wäre das möglich, müßte er etwas anderes sein, als Konzeption eine Fiktion, als Mythos eine Projektion –, er läßt sich nur erleben in der Erschütterung, so daß denn Glauben nicht ein Für-wahr-Halten, sondern ein Erschüttertsein bedeutet, das durch nichts bewiesen werden kann und das auch nicht bewiesen werden muß, eine Einsicht, die mir erst aufging – neun Monate nach unserem Flug nach Elath –, als ich zum letztenmal der Frau gegenüberstand, aus deren Leib ich einst wurde, die auf ihre persönliche Weise glaubte, stark und unbeirrt, deren Glaube mich störte und oft ärgerte, der wie ein Schwert zwischen ihr und mir lag; und nun lag sie da, die fast neunundachtzig Gewordene, so wie ich sie nur in meinen frühesten schemenhaften Erinnerungen kannte, aber wie eine junge Bäuerin, lachend eigentlich, noch hatte die Leichenstarre nicht eingesetzt, noch war ihre Hand warm trotz der Kälte des Todes, der sie nun erbeutet hatte wie ein freundliches Raubtier, und das Schwert ihres Glaubens lag immer noch zwischen ihr und mir, ihr Sieg und meine Niederlage, den Sohn von seiner Mutter trennend, den Sohn an seine Mutter bindend. Aber es geht mir nun auch auf, wie alle diese ungeheuren Visionen eines Einzelnen, die die Erfahrungen einer Gemeinde oder eines Volkes werden, diesen Einzelnen, diese Gemeinde, dieses Volk von den übrigen abtrennen müssen, ihrer Erfahrung zuliebe, um ihres Glaubens willen, mag sich diese Erfahrung noch so verflüchtigen, noch so ins Intellektuelle, ins Begriffliche verwandeln, bis sie sich selber widerspricht, sich selber endlich verneint; daß so, wie die Wüste, über die ich damals flog, die Elemente, so der menschliche Geist die Menschen von ihrem Ursprung scheidet, den sie längst nicht mehr kennen; daß alle Kämpfe hienieden Glaubenskämpfe sind, mögen wir es noch so abstreiten, verbergen und verkleiden, als ideologische Auseinandersetzungen womöglich – dann sind sie noch grausamer. Wolken kamen heran, überraschend, wuchsen zusammen, auf einmal glitten wir wie über einem Eismeer dahin und landeten in Elath bei trübem Wetter; am nächsten Tag schien wieder die Sonne, und der Himmel war von einem Licht, als wäre es undenkbar, daß er sich je mit

Wolken bedecke. Der Ort eine Pionierstadt, die Hotels bunkerähnlich, auf den Flachdächern Soldaten mit Maschinenpistolen, nicht weit vom Hotel beginnt das Niemandsland, eine trostlose Ebene, Baracken, ein Beobachtungsturm, Drahtverhaue, vor dem Hotel ankern Tanker, die Sonne sinkt schnell, plötzlich, fällt unter den Horizont, die Dämmerung ist schlagartig da, bedrohlich, es ist, als kippe die Erde ins Dunkle. Die Lichter von Akaba werden auf der anderen Seite der Bucht sichtbar, von Ferne märchenhaft, einem anderen Land zugehörig. Ein unermeßlicher, kosmischer Friede herrscht, gewaltig und darum so spürbar, weil er jeden Augenblick ausgelöscht werden kann, wie der Tag ausgelöscht wurde, um einer noch gewaltigeren Nacht zu weichen: der Weltnacht eines neuen Krieges. Wir sitzen auf dem Balkon vor unserem Zimmer, die Finsternis der Nacht nimmt zu, das Licht der Sterne wird unerbittlich, ebenso die Lichter von Elath und Akaba wie gestochen, der Dunst fehlt. An einem Mittag läßt ein alter Jude uns durch seinen Sohn ausrichten, er möchte meine Frau und mich sehen. Sabbat. Ein kleines Haus irgendwo, ein Vorgarten, mehr ahnbar, denn schon ist es Nacht, als wir ankommen. Im Wohnzimmer empfängt uns ein alter Mann, hager, Franz-Joseph-Bart, spricht wienerisch, auch das Wohnzimmer hat etwas Wienerisches, ein jüdischer Odysseus, doch nicht heimgekehrt nach unsäglichen Abenteuern in die Heimat, sondern heimgekehrt in die Fremde, in das Wüstennest Elath, der letzte Strand, an den es ihn schwemmte. Sein maßloser Zorn gegen sein Volk und gegen den Staat seines Volkes hat etwas Abstrus-Großartiges, Österreichisch-Alttestamentarisches, seine Tiraden sind höhnisch und unerbittlich, nur ein Hitler könne seinem Volk noch helfen. Die Familie hat sich längst verzogen, er ist allein in der Einsamkeit seines Trotzes, nur seine Frau harrt bei ihm aus. Wir hören zu, schweigend, wagen wenig Widerspruch, verziehen uns traurig. Dann, anderntags im Fernsehen, die Rede Arafats vor der UNO, im Restaurant wenige Zuschauer, einige Soldaten, einige Araber, niemand spricht ein Wort. Arafat im Fernsehen wirkt wie ein als Araber verkleideter Chaplin, nur daß niemand lacht. Die Kriegsgefahr ist nicht zu übersehen, wir sind fast die einzigen Gäste; der Speisesaal, die Halle, die Korridore des Hotels sind leer; fahre ich im Lift hinauf, bin ich unter Soldaten. Wir bummeln durch die Stadt, kaufen ein, die Ruhe der Menschen überträgt sich auf uns. Meine Frau ißt in einem Restaurant einen Hummer, eigentlich dürfte ein Hummer nicht angeboten werden, ein unreines Tier, aber der Patron ist ein Jude aus Frankreich, seit langem in Elath, bloß mit der Küche hat er sich nicht befreundet, ein jüdischer Patriot, der an den komplizierten Eßvorschriften Moses' verzweifelt. Er sei ja bereit, sie zu befolgen, aber mit der Kochkunst hapere es im Heiligen Lande, die Juden hätten im Exil gut gekocht, aber ihre Kochkunst im Exil zurückgelassen. Er wagt nicht mitzuessen, er schickt seine Frau an unseren Tisch, schüchtern ißt sie ein wenig. Das Telefon geht, man erkundigt sich aus Frankreich voll Sorge. Ach, antwortet er, das sei in seinem Lande hier seit langem so, drei Kriege schon, es gehe ihm gut, man solle sich keine Sorgen machen. In Jerusalem wieder, wir sind gegen Abend eingetroffen. Ich begebe mich auf dem bekannten Umweg nach der Altstadt. In einer Straße, durch die ich gegen das Jaffator gehe, an kleinen Werkstätten vorbei, schlagen in einem Hof neben einer verrosteten Autokarosserie Kinder mit Stecken auf den Boden, die Knirpse schreien »Arafat, Arafat!«. Der Platz hinter dem Jaffa-Tor ist voller Soldaten, etwas abgesondert von ihnen Halbwüchsige, ein Mädchen weint, die Szene ist nicht begreifbar. Ich frage einen Offizier auf französisch, was denn geschehen sei, er antwortet auf englisch: Schüler hätten für Arafat demonstriert, verstehe ich – mich verwünschend, in meiner Jugend Latein und Griechisch gebüffelt, statt Englisch gelernt zu haben –, nun seien sie von ihren Eltern verflucht worden, und man wisse nicht, was man nun tun solle. Ich gehe weiter, froh, das Jaffator zu verlassen, gerate in das armenische Quartier. Lastautos mit Soldaten rollen heran, ich drücke mich an eine Mauer. Ich verirre mich wieder einmal, komme nicht aus dem Quartier heraus, irre in einem Genist von Kirchen und Höfen herum, ein Priester beobachtet mich argwöhnisch, sein langer weißer Bart ist sorgfältig gepflegt. Ich gerate an die Stadtmauer, ohne einen Ausgang zu finden, stehe wieder auf der Gasse, durch die ich vom Jaffator aus gegangen bin. Die Altstadt scheint menschenleer zu sein, abweisend, feindlich, kalt, ja bösartig. Eine schwarze Limousine mit arabischen Würdenträgern, wie im Film, gleitet vorbei. Endlich finde ich ein Tor in der Stadtmauer, verirre mich aber wieder. Dann gelingt es mir, mich zu orientieren; ich gehe, immer eiliger, zwischen Friedhöfen ins Hinnomtal hinunter, wo man sich einmal den Eingang der Hölle dachte. Endlich sehe ich am jenseitigen Hang das langgestreckte Gebäude des Gästehauses. Es ist spät geworden, die Leiterin des Gästehauses hatte mich gebeten, noch einmal zu diskutieren, einige möchten Fragen an mich stellen. Die Diskussion verläuft unglücklich, die Lage Israels ist zu bedrohlich geworden, die Ratlosigkeit ist allgemein, auch jene, die mich zu Beginn meiner Reise empfangen hatten und die ich nun wiedersehe, sind enttäuscht, niedergeschlagen, ein Schatten liegt über dem Land. Der Triumph der Araber ist überall fühlbar, auch das Mißtrauen der Juden den Europäern gegenüber, daß sich diese zu erneutem Verrat verführen lassen könnten. Meine Rede kommt mir immer unwirklicher vor, immer grotesker, eine irre Abstraktion ins Ungefähre, zu simpel für die Wirklichkeit. Nachts im Mishkenot Sha'ananim ändere ich sie wieder, schreibe wieder um, nun schon stur in meinem Ungenügen. Abschied von Jerusalem, Abschied von Menschen: von Freunden, von denen wir nicht wissen, ob wir sie noch einmal wiedersehen. Fahrt nach Tel Aviv, der letzte Abend mit dem jungen Freund. Er erzählt: »In New York sprang ein Mann an mein Taxi. ›Schau in mein Gesicht!‹ schrie er mir zu. Ich schaute in sein Gesicht, es war zerfressen. Der Mann begann zu weinen: ›Zum erstenmal, daß mich ein Mensch anschaut und meinen Anblick erträgt.‹« Wir sitzen in der Bar des Flugplatzhotels, leer, eine Band spielt sinnlos vor sich hin, dann lassen sich in einer Ecke Schweizer nieder, drei Burschen und ein Mädchen, ihr Schweizerdeutsch hallt zu uns herüber. Das Mädchen ist ausgelassen, entfesselt. »Nur eines weiß ich«, sagt unser junger Freund, »die Dimension Gottes entspricht dem Durchmesser der Kugel eines syrischen Sturmgewehrs.« Am anderen Morgen Abflug nach Zürich, aber es ist keine Trennung, die Rede – ursprünglich neunzehn Seiten, nun schon umgeschrieben, umgeklebt, ein wildes Schlachtfeld meiner Ohnmacht – muß ich mit mir nehmen, sie bindet mich weiter an dieses Land, das nun in die Tiefe zurückfällt. Schon sind wir über dem Mittelmeer, Wolken fetzen heran. Die Verwandlung setzt ein, wie nach jedem Abschiednehmen, die Veränderung, die dem einst Gegenwärtigen in der anwachsenden Vergangenheit widerfährt, in diesem Versinken in das Ungefähre der Erinnerung. Sicher, man steht zu diesen Menschen, die man verlassen hat, man denkt an sie, aber man ist nicht mehr dort, nun nicht mehr, das Flugzeug trägt einen fort, man ist anderswo, bald in der Schweiz eben, man ist anderswer, ein anderer geworden, und die Menschen, die zurückgeblieben sind, sind zu etwas anderem geworden: zu Schemen in unserer Erinnerung, die sich mit anderen Schemen verwischen; sie können sich nicht mehr selbst vertreten, nun muß man sie vertreten als höflicher, noch unbedrohter Mensch unter höflichen, noch unbedrohten Menschen, deren Meinungen respektiert werden müssen, sie haben ein Recht dazu, werden sie doch unsere Meinung auch respektieren, wenn wir erzählen werden. Eine Wolke von Wohlwollen für Israel wird auf uns eindringen, doch gerade davor fürchte ich mich, vor diesem entwaffnenden Verständnis, hinter dem die alten Vorurteile lauern: Es ist ja einfach großartig, was die Juden da unten leisten, die Wüste sollen sie mit Salzwasser fruchtbar machen, diese Intelligenz, erstaunlich, nur sollten sie jetzt endlich einmal vergessen können, und überhaupt, dieses ewige jüdische Mißtrauen, wer ist denn heute noch Antisemit, eigentlich sind die Juden, nicht im bösen, gemeinen, sondern im positiven Sinn, genauso wie die Deutschen, sie halten sich für das auserwählte Volk; in dieser Hinsicht muß man die Araber verstehen; Arafat soll sehr klug sein, außergewöhnlich human, er ist nur wenige Meter von der Klagemauer entfernt geboren worden, im Gegensatz zu Golda Meïr, die in Rußland zur Welt gekommen ist, und schließlich: Die wirklich frommen Juden lehnen ihren Staat ja auch ab. Unter mir eine kleine Insel, auf einen Augenblick durch ein Wolkenloch sichtbar, zufällig hatte ich nach unten geschaut. Später, als die Wolken zurückbleiben, eine Landmasse, Griechenland offenbar, der Peloponnes vielleicht, Griechenland, das ich immer besuchen wollte und nie besucht habe. Zuerst schob man die Reise auf, man hat ja Zeit, dann kamen die Obristen. In Moskau, 1967, am Schriftstellerkongreß, sprach ich noch im sowjetischen Radio gegen sie, warum nicht, doch am Vorabend meines Abflugs aus Moskau nahm ich für immer Abschied von meinen russischen Freunden, ich würde nie mehr zurückkehren: Der Krieg gegen Israel drohte, von der Sowjetunion geschürt, von Nasser in einer Rede offen angekündigt. Als ich in Warschau landete, war er ausgebrochen. Ich las die ostdeutschen Zeitungen, schamlos in ihrem Haß, schamloser als alle anderen. Die Polen feierten den Sieg der Juden wie den ihren. Wir lassen den Peloponnes hinter uns – wenn es der Peloponnes war –, der Generalstaatsanwalt Israels, der neben mir sitzt, Akten studiert, meint, ohne eigentlich hinzuschauen: »Das war der Peloponnes«, meine Vermutung bestätigend, er kennt die Strecke nach seinem Zeitgefühl. Ich wehre mich auf einmal gegen den Abschied, Erinnerungen an Jerusalem tauchen auf, jagen sich: der kleine Laden, wo ich jeden Morgen Milch, Brot, Eier, Zitronen kaufte; ein alter Mann in einem Schreibwarengeschäft; das wirre Anrempeln eines betrunkenen Regisseurs in einer Kneipe; die Frauen im Mishkenot Sha'ananim, bei denen wir aufgehoben waren, Gespräche mit ihnen; Erinnerungen an stille Abende, still, weil jede Erinnerung still ist, bildhaft, ans Undeutliche grenzend, im Ungewissen verschwimmend; an Abende bei Diplomaten, der eine überlegen wie ein Schachspieler, eine Partie begutachtend, die bedenklich steht, den nächsten Zug überlegend und den Gegenzug berechnend, der durch ihn ausgelöst werden könnte. An seiner Seite eine gelassene Frau, die dem Gedankenspiel ihres Gatten aufmerksam folgt, eine Tochter in einem weißen arabischen Kleid wie eine Erscheinung aus *Tausendundeiner Nacht*. Wir essen und trinken in einer kleinen Wohnung. Der andere Diplomat wohnt noch bescheidener, er voll Wissen, das Diplomatische nur noch als Ironie, seine Frau voll Sorge, der Sohn, jung, schweigend, im Militärdienst; wo er diesen Dienst tut, wissen sie nicht, sie sind glücklich, daß er da ist, jetzt da ist, auf zwei Wochen. Der Generalstaatsanwalt schiebt eine Akte in seine Mappe zurück, berichtet mir vom griechisch-orthodoxen Bischof von Jerusalem, Capucci, den er vernommen hat, nimmt ein neues Aktenstück in Augenschein. Ein Abend in Haifa, bei den Kindern meines Freundes, der uns nach Israel begleitet hat. Alle sind zugegen, ein unwirkliches Zusammenfinden; der Hochzeit der älteren Tochter in Zürich hatte ich vor neun Jahren beigewohnt: nach der Zeremonie in der Synagoge ein großes Essen in einem Zunfthaus, man nahm es eigentlich als selbstverständlich hin, daß das junge Paar nach Israel übersiedeln wolle, mutig, sicher, etwa so wie man einmal in den Wilden Westen zog, dieser Schwung in die Romantik war beneidenswert, neu anfangen können, neu besiedeln können, die Araber werden schon zur Vernunft kommen, und im übrigen sind die ja unter sich nie einig. Jetzt ist der Schwiegersohn meines Freundes eben von der israelisch-syrischen Front zurückgekehrt, manchmal fehlte jede Nachricht von ihm, seine Aufgabe war gefährlich, viele seiner Einheit sind gefallen, nun ist er wieder bei seiner Familie: zwei Adoptivkinder, seine Frau hochschwanger, vom Krieg wird geschwiegen, das tägliche Leben ist hart genug, um vom noch härteren nicht zu sprechen, der

Abend gehört der Familie, den Gästen. Nur als er uns nach Mitternacht zum Hotel zurückgeführt hat – wir bleiben noch in seinem kleinen Wagen sitzen –, wird uns kurz und sachlich das Nötige zur allgemeinen und persönlichen Lage mitgeteilt, kein Gedanke an ein Zurück ins Schweizerisch-Behütete; und noch vor meinem Abflug vernehme ich von der Geburt seines Sohnes. Es ist heiß im Flugzeug, vorher habe ich die Hitze nicht gespürt. Ich stelle die Luftdüse über mir ein. Es fällt mir schwer, mir meine Rückkehr in die Schweiz vorzustellen. Ich blättere in der Zeitung, die mir mein Freund, nun Großvater, überreicht. Im Feuilleton eine Theaterkritik; unvorstellbar, einmal selbst Stücke verfaßt zu haben, überhaupt geschrieben zu haben, überhaupt wieder zu schreiben. Ein stilles Haus in der Neustadt Jerusalems. Der Taxifahrer hatte Mühe, es zu finden. Ich ging bedrückt hin, meine Frau machte mir Mut; den Professor, den wir besuchten, kannten wir von früher. Ich war verlegen, belastet mit meiner unseligen Rede, mein Negieren der Mystik einer Konzeption zuliebe mußte für ihn lächerlich sein, doch kam er nicht auf meine Rede zu sprechen, sei es aus Höflichkeit, sei es, weil es damals in der Universität derart heiß gewesen war, derart drückend, daß er wohl den Saal verlassen hatte, klugerweise bevor ich meine Rede gehalten habe. Er war lebhaft, ging auf und ab, setzte sich wieder, die Erinnerung hatte ihn gepackt, seltsam genug, die Erinnerung an Bern, wo er mit Walter Benjamin studiert hatte, bevor ich geboren war, wohin ich mit dreizehn Jahren aus einem Emmentaler Dorf geriet, zu spät, als daß die Stadt meine Vaterstadt hätte werden können. Wir sprachen über den gleichen Professor, bei dem wir studiert hatten, lachten: ein groteskes Verschlungensein der Begegnungen. Er zeigte mir seine Bibliothek, seltene Bücher der jüdischen Mystik, erklärte mir die verschiedenen Schriftarten. Auch hier die Gelassenheit in der Nähe der Gefahr, das Unbeirrbare, das Zuhausesein in der unbewegten Ruhe inmitten eines unsäglichen Wirbelsturms, die Gewißheit vom Unzerstörbaren dieser so leicht zerstörbaren Bücher; und wieder quälte mich das schlechte Gewissen, daß ich diese Gewißheit nicht besitze, nie besessen habe: es ist mehr Unersetzbares verlorengegangen, als wir uns vorzustellen vermögen. Unter mir wieder Wolken. Ich könnte jetzt über die Wüste fliegen, stelle ich mir vor und wünsche, daß es so wäre, daß ich mich auf dem Flug nach Elath befände. Und dann, die Alpen wachsen schon über dem Wolkenmeer fern am Horizont auf, denke ich an unseren Besuch beim Staatspräsidenten zurück. Die Angelegenheit muß für ihn peinlich gewesen sein, vom Protokoll gewünscht und arrangiert, von Vorschriften und Konventionen bestimmt, denen er als höflicher Mensch gehorcht, und so hat denn dieser ältere Mann alles Mögliche und Unmögliche zu empfangen, dieser Wissenschaftler, gezwungen, den jüdischen Staat zu repräsentieren als Vertreter des jüdischen Geistes, der Vernunft schließlich, um derentwillen doch dieser Staat möglich sein sollte. Wir sind zu ihm an Sicherheitsposten vorbei gekommen. Seine Residenz, die mir in der Erinnerung als eine Art Bungalow vorkommt, ist bewacht, im Vorzimmer Offiziere und Sicherheitsbeamte. Der Empfang dauert länger, als im Protokoll vorgesehen, nichts geht nach Protokoll, er vergißt einfach, uns zu entlassen, und wir wissen nicht, wie wir uns verabschieden sollen oder ob wir das überhaupt dürfen. Wir sitzen im Kreis: die Frau des Staatspräsidenten, meine Frau, der Freund aus Zürich, der Diplomat, beauftragt, uns zu begleiten, ich, wohl noch andere. Getränke werden serviert. Ich habe das Gefühl, im Innern einer belagerten Festung zu sein. Jeder tut so, als sei die Festung nicht belagert, es ist nicht schicklich, davon zu sprechen. Der Staatspräsident spricht englisch, sorgfältig langsam und einfach. Er entschuldigt sich, ein so überflüssiges Amt angenommen zu haben. Er erkundigt sich nach uns, wo wir wohnen, wieviel Kinder usw. Er berichtet von seinem Bruder, der auch Wissenschaftler war, drei Japaner schossen ihn nieder in der Wartehalle des Flughafens Lod in Tel Aviv, in die Menge feuernd. Ich entsinne mich dunkel des sinnlosen Verbrechens, undeutlich die Bilder der Tagesschau. Man nahm es zwar wahr, aber es blieb am Bildschirm haften, wurde nicht wirklich, war eine Bildmontage, der andere Bildmontagen folgten, am Schluß wie immer das Wetter. Erst jetzt, als der alte Mann, neben dem ich sitze, von seinem toten Bruder spricht, wird der Terror greifbar, unter dessen Schatten dieses Land leben muß. Der alte Mann schweigt. Seine Frau weint. Ich denke, wir sollten uns verabschieden, ich stelle mir vor, daß wir ihn stören, aber er beginnt von seiner Wissenschaft zu berichten, bedauert, sie aufgegeben zu haben, spricht von der Diskrepanz zwischen dem menschlichen Wissen und der menschlichen Moral, von der Macht der Unvernunft über die Vernunft, wie verwundert, daß es so ist. Er sieht mich fragend an, ohne eine Antwort zu erwarten, weil er weiß, daß es darauf keine Antwort gibt, auch auf den Tod seines Bruders nicht. Wir sitzen da, verlegen, wir hatten einen Staatspräsidenten erwartet, einen kurzen höflichen Empfang, Floskeln, das Übliche eben, nur nicht das Unübliche, einen Menschen, der aus Pflicht seinem Land gegenüber einen Staatspräsidenten zu spielen hat, mit leisem Humor oft, dann wieder in sich versunken, seine Rolle als nebensächlich vergessend, aber immer überzeugend durch seine natürliche Freundlichkeit. Der Generalstaatsanwalt neben mir schließt seine Mappe, mißmutig, ich wage ihn nicht zu fragen, was ihn denn in die Schweiz führe. Ich erkundige mich nach den drei Japanern: einer sei entkommen, einer bei der Festnahme erschossen worden, und der dritte lerne jetzt Hebräisch. Ich frage ihn nach Eichmann. Das Erstaunliche, sagt der Generalstaatsanwalt, sei Eichmanns absolute Gewißheit gewesen, im Recht zu sein, mit Recht so gehandelt zu haben, wie er gehandelt hatte; einer der größten Massenmörder der Geschichte sei in der Gewißheit gestorben, unschuldig zu sein, so seien wohl auch die anderen Massenmörder der Geschichte gestorben: ohne das Gefühl, im Namen der Gerechtigkeit zu handeln, sei kein Massenmord möglich. Während wir über irgendeinen Gipfel der österreichischen Alpen schweben, unmerklich schon Zürich zusinkend, gleiten meine Gedanken zum letztenmal zurück in das nun schon unbegreiflich ferne Land, das ich verlassen habe: Wir übernachten bei einem Schriftsteller. Er wohnt mit seiner Frau in einem Kibbuz. Es ist schon dunkel, als wir eintreffen, unter Bäumen anhalten, uns von unserem Begleiter und von Tobias verabschieden. Der Schriftsteller, den wir von Jerusalem her kennen, führt uns zu seiner Wohnung, die wir jedoch nicht betreten. Wir stellen die Koffer vor die Haustüre und gehen über einen Rasen zum Gemeinschaftsgebäude. Im großen Speisesaal ißt man schon, viele Leute, Familien, man tafelt an langen Tischen, Wienerschnitzel, die sich als panierter Fasan herausstellten: ich habe unwillkürlich den Eindruck von einem Sonntagsessen in einer musterhaft geführten Anstalt. Niemand trägt ein Käppchen. Jemand musiziert, jemand sagt ein Gedicht auf, ein Kommen und

Gehen. Es handelt sich um einen atheistischen Kibbuz, von überzeugten Marxisten gegründet. Wahrscheinlich hat sich deshalb Tobias verabschiedet, für ihn gibt es nichts Schlimmeres als den ›Agnostizismus‹. Er hätte bleiben können, selbstverständlich, jeder kann glauben, was er will, Glauben ist Privatsache. Der Kibbuz hat seine harten Zeiten durchgemacht wie alle Kibbuzim; im Krieg standen die Männer Wache und nicht nur im Krieg, eigentlich ist ja immer Krieg in diesem Land, aber er hat sich durchgesetzt, die Leitung ist tüchtig. Die Kinder werden gemeinsam erzogen. Die Kinderzimmer, die wir am anderen Morgen sehen, sind mustergültig. Es muß eine Freude sein, hier aufzuwachsen. Für die Alten ist gesorgt, keine Altersheim-Atmosphäre, jeder findet noch seine Beschäftigung, die ihm einen Sinn gibt, auch wenn dieser Sinn oft nur noch ein fingierter ist. Daß an der Diskussion nach dem Abendessen, zu welcher der Kibbuzleiter eingeladen hat, der Hauptsache nach ältere Leute teilnehmen, ist natürlich. Die Diskussion schleppt sich hin, ich bin es, der fragt. Die Antworten kommen zögernd, vor allem gibt der Leiter die Antworten, erklärt mir, wie ein Kibbuz funktioniert. Offenbar perfekt. Ich bin auf ein in sich abgeschlossenes Gebilde gestoßen, in das ich nicht einzudringen vermag, wo ich aber auch nichts zu suchen habe. Hatte ich mich bis dahin mit den Menschen zu identifizieren vermocht, so spüre ich eine Distanz, die ich nicht zu überbrücken vermag. Aber es ist nicht das Gefühl der Fremdheit, das ich später in Jerusalem gehabt habe angesichts der Juden im Kaftan und mit den Schnallenschuhen, dort stand ich einer Welt des Glaubens gegenüber, die alles andere als heil ist, die ständig in einer Erwartung lebt, in einer Furcht vor dem Hereinbrechen des großen, gewaltigen Zorns, eines großen, gewaltigen Gottes; dies ist die Distanz, die man einer straffen Organisation gegenüber empfindet, die keinen Spielraum mehr läßt, die ihren Sinn in sich selber sieht: mit einer perfekten Institution kann man sich nicht identifizieren, man kann sie nur in ihrer Vollkommenheit bewundern. Doch gerade diese Distanz der Bewunderung, die nicht zu überwinden ist, macht mir den Abend auf einmal sinnlos, ich bin froh, daß die Diskussion zu Ende geht. Später sitzen wir mit dem Schriftsteller und seiner Frau, einer Pianistin, zusammen. Er erzählt von seinem Leben im Kibbuz, von seinen Schwierigkeiten. Ein Lyriker ist hier nicht eingeplant, überhaupt nicht einzuplanen, nicht einzuordnen, auch wenn dieser Lyriker daneben noch an der Universität Haifa lehrt: Alles im Kibbuz hat seine Funktion zu erfüllen, einem Zweck zu dienen, Gedichte sind funktionslos, zwecklos. Doch davon berichtet der Schriftsteller ohne Bitterkeit, er sieht zu genau, um erbittert zu sein. Seine Position in der Gemeinschaft des Kibbuz stimmt nicht, weil der Kibbuz nicht mehr stimmt; er ist als eine realisierte marxistische Ordnung zu einem Privileg innerhalb des Staates geworden. Gewiß, aus dem Kibbuz ist der Staat Israel hervorgegangen, dieser wurde nicht als Staat geplant, trotz der zionistischen Idee, die hinter ihm stand, die ihn forderte. Als Staat wurde Israel eigentlich 1948 improvisiert. Der arabische Nationalismus und das Versagen der britischen Politik ließen keine andere Lösung mehr zu, wollten die Juden überleben. Aber der Kibbuz, älter als der Staat, eine seiner Grundlagen, entstand durch die Not der ersten Zeiten als eine natürliche kommunistische Gemeinde in einer ihr feindlichen Umgebung; seine Wurzeln reichen denn auch auf jüdische Einwanderer aus Rußland in den neunziger Jahren des letzten Jahrhunderts zurück. Erst durch die Kibbuzim wurde es möglich, nach und nach das Land in Besitz zu nehmen, das Land für einen zukünftigen Staat vorzubereiten. Doch als der Staat geworden war, verloren die Kibbuzim ihren eigentlichen Sinn: nur noch dort erfüllen sie ihre ursprüngliche Aufgabe, wo sie neues Land gewinnen; nicht umsonst gründet immer wieder die Jugend neue Kibbuzim. Geschieht es in den besetzten Gebieten, erblicken die Palästinenser mit Recht darin eine Bedrohung, tragischerweise, macht doch jeder Kibbuz Land fruchtbar, aber gleichzeitig entsteht mit ihm auch jüdisches Land. Die installierten Kibbuzim jedoch wirken mehr und mehr wie ein Relikt, wie ein Mythos, rücken ins Unwirkliche, je mehr sie florieren, je mehr sie der Staat unterstützt, werden zu Renommier-Objekten der Propaganda wie gewisse russische Kolchosen. Dazu kommt, daß die Palästinenser, die in den Kibbuzim beschäftigt werden, wie Fremdarbeiter bei uns wirken, da sie ja von den Kibbuzim nicht integriert werden können. Ihre politische Aufgabe ist in sich gelöst, aber das Verhältnis zum Staat ist das einer Koexistenz, es geht nicht auf, der Gettocharakter des Kibbuz ist nicht zu übersehen. In Wirklichkeit wohnen nur noch fünf Prozent der Bevölkerung in Kibbuzim. Und plötzlich, nun schon längst über der Schweiz, nun schon jenseits der Alpen, über Hügel und Wälder fliegend, nicht mehr über Berge, über Dörfer, die Straßen voller Autos, schon deutlich sichtbar, befürchte ich: daß es mir in der Schweiz ähnlich ergehen werde wie in jenem Kibbuz, daß ich dem Unwirklichen entgegenfliege, dem zum Mythos, zum Relikt Gewordenen, in welchem sich eine Politik, die einst stimmte, zu Ende gespult hat und die Aufgaben, die sich ihr nun stellen, nicht mehr zu lösen vermag, weil diese Aufgaben nicht mehr in ihrem Bereich liegen, außerhalb ihres Blickfeldes angesiedelt sind. Wir landen, meine Frau sieht mich an, bevor ich die Treppe hinuntersteige. Sie weiß, die Rede hat mich nicht verlassen, obgleich mein Freund meint, es seien nur einige Kürzungen vorzunehmen, und kaum waren wir zu Hause angekommen, saß ich wieder hinter meinem Schreibtisch, wie in Safeth, in Beerschewa, in Jerusalem, jede Woche beteuernd, in zwei Wochen oder höchstens in drei sei die Arbeit getan. Doch erst viel später, beinahe ein Jahr nun seit meiner Reise nach Israel, begreife ich, was mich drängte, diese Rede immer wieder umzuschreiben, immer wieder neu anzusetzen, immer wieder zu erweitern, bis sie längst keine Rede mehr war, bis ich gewaltsam ihre Form zerbrechen mußte: Was mich damals streifte an diesem sinnlosen Abend in der scheinbar so perfekten Welt eines Kibbuz, war der Anhauch dessen, was wir alle befürchten, daß nämlich nach all dem Planen, nach all den Bemühungen, nach all dem Einlenken, nach all den Kompromissen, nach all dem Blutvergießen, nach all den Revolutionen und Kriegen, nach all dem Scheitern und Gelingen der Friede als Friede nicht auszuhalten sei, eine um so bangere Befürchtung, weil sie nur durch den Frieden widerlegt oder bestätigt werden könnte. Dem Kampf einen Sinn zu geben ist leicht, weil wir uns vorlügen, der Sinn dieses Kämpfens liege im Frieden; mit dieser Lüge legen wir den Sinn in ein Ziel außer uns, wir legen es in unseren Gegner und damit ins Unerreichbare, denn auch wenn wir den Gegner erlegen, steht gegen uns ein neuer Gegner auf, den erlegten zu rächen, den wir, um nicht seiner Rache zu erliegen, wieder erlegen müssen: so schieben wir den Frieden vor uns her, statt ihn zu erreichen. Friede wäre nur dann, wenn der Sinn vom Gegner auf uns zurückfiele, wenn wir in uns selbst den Sinn sähen, dann erst würde der Gegner als eine Konzeption von uns selbst begriffen und wäre kein Gegner mehr; so wie es vielleicht nur eine Erkenntnis der Welt gibt, wenn sie als eine menschliche Konzeption einer Welt begriffen wird, die an sich nicht konzipiert wurde, sondern *ist*, gleichgültig, wie ich diese Welt an sich auch nenne. Dies vorausgesetzt, ist die Annahme, es gebe nur eine Konzeption, zum Beispiel nur die logisch-mathematische oder die marxistische oder irgendeine religiöse oder irgendeine künstlerische usw., ein Widerspruch zum Wesen der Konzeption. Wenn ich in der logisch-mathematischen Weltkonzeption oder in einer politischen Gesellschaftskonzeption (eine politische Gesellschaftskonzeption, die eine Weltkonzeption sein will, ist ein Unding, und umgekehrt) Gott nicht brauche, wohl aber in einer religiösen Konzeption, so heißt das nicht, daß Gott im Gegensatz zur logisch-mathematischen oder zur politischen Konzeption stünde, er wird bloß für diese Konzeptionen nicht benötigt, ja sie verfälschen sich, wenn sie Gott verwenden. Andererseits verlöre die Schöpfungsgeschichte jeden religiösen Sinn, wenn sie begänne: Gott schuf Himmel und Erde vor 14 Milliarden 235 Millionen 320411 Jahren, 6 Monaten, 5 Tagen um 16 Uhr, 11 Minuten, 7,7 Sekunden Erdzeit mit einem Urknall! Eine jede Konzeption hat ihre eigene Wahrheit, und eine jede Konzeption hat ihre Berechtigung innerhalb aller Konzeptionen, eine Überlegung, die, so selbstverständlich sie auch ist, uns mehr stört, als wir zugeben. Denn im Bereich des Denkens wollen wir recht haben, gerade hier; den Kampf verdrängen wir allzuleicht aus der Welt der ›Wirklichkeit‹ in die Welt der ›Gedanken‹. Die geistige Toleranz ist noch problematischer als der politische Friede, dessen Voraussetzung sie ist: sie kann nicht bedeuten, daß jede Konzeption gleich wahr ist, gibt es doch Konzeptionen, die nur einen Sinn haben, wenn jener, der sie konzipiert, sie auch als ›wahr‹ annimmt, während sich bei anderen Konzeptionen diese Frage nicht stellt. Die Toleranz kann in nichts anderem als in der Achtung vor den anderen Konzeptionen liegen, auch wenn man sie nicht teilt, ja als Irrtum ablehnt; die Toleranz ist nicht eine schöngeistige, sondern eine existentielle Forderung, die jeder zuerst an sich selbst stellen muß, will er sie an andere stellen; der Kampf mit uns selbst geht dem Kampf um den Frieden voraus. Es gibt Erkenntnisse, die deshalb spät kommen, weil sie Erlebnisse voraussetzen, denen wir im Erleben nicht gewachsen sind. Das Erlebnis Israel war ein solches. Die Odyssee des jüdischen Geistes durch die Weltgeschichte ist nur durch Konzeptionen darzustellen, sicher noch durch weitaus bessere als durch meine Konzeption, aber nicht ohne Absicht entwickelte ich die geistigen und politischen Konstellationen, in denen sich das Drama des jüdischen Volkes abspielte und abspielt, aus dem Judentum heraus: das Christentum, der Islam, der Marxismus usw., umstellte so die Juden mit sich selber: ich tat es, um mich mit ihnen als Nichtjude zu identifizieren. In dieser Auseinandersetzung mit sich selbst steht der menschliche Geist, um diese Abstraktion zu gebrauchen, er steht sich selbst gegenüber, konkreter, jeder Einzelne von uns. Israel ist eine Konzeption gegen das Instinktive, sein Schicksal ist jenes des Menschen. Was uns für dieses Land streiten läßt, ist nicht seine Notwendigkeit, die sich mit jeder Dialektik (die in Wahrheit Sophistik ist) begründen läßt, sondern die Kühnheit seiner Konzeption: in ihr wird die Kühnheit des

Menschseins sichtbar. Israel ist damit ein Experiment unserer Zeit, eine ihrer gefährlichsten Belastungsproben. Nicht nur die Juden, auch die Araber werden mit diesem Experiment getestet, mehr noch, wir alle. Gewiß, wir hatten uns ein einfacheres Experiment gewünscht, nicht ein so mehrdeutiges und ein so gefährliches, diesen Versuch, sich in einem tosenden Strom anzusiedeln, der immer reißender wird, einem Abgrund zuzuschnellen scheint. Was ich in Israel erlebte, war gleichzeitig in mir, in uns allen. Es war seine und unsere Möglichkeit, im Kriege unterzugehen, aber auch im Frieden zu scheitern. Die Möglichkeit eines Krieges liegt, so unvorstellbar seine Schrecken auch sein mögen, in unserer Zeit, die leichtfertiger denn je mit einer Gefahr spielt, die bedenklicher denn je ist. Doch nehmen wir das Wünschbare an, es würde zum Frieden kommen, so braucht Israel die Palästinenser, soll es nicht am Frieden scheitern. Als ein in sich abgeschlossenes Gebilde würde es zum Grabstein seiner selbst: es braucht, was wir auch in unserem Falle brauchen, den Partner, und sein Partner braucht es, wie wir alle Partner brauchen und von Partnern gebraucht werden. Israels Fall ist unser aller Fall. Damit aber rückt der Fall Israel aus dem Politischen ins Existentielle. Er wird ein ›moralischer‹ Fall, insofern das Moralische eine existentielle Kategorie darstellt. Wenn auch die Wurzeln der Politik im Existentiellen liegen, sie selber ist nicht in ihm angesiedelt, sie liegt im Kompromiß, sie deckt sich ebensowenig mit dem Moralischen wie das Gesetz. Doch auch die zwei Prinzipien, nach denen sich die Politik richtet, die Gerechtigkeit und die Freiheit, sind nicht identisch mit der Gerechtigkeit und der Freiheit, die das Moralische meint. Ich gebrauche mit Absicht diesen in Verruf gekommenen Begriff, der im strengen Sinn nicht allgemein, sondern nur im Besonderen angewandt werden kann, nicht im Objektiven, sondern im Subjektiven, damit auch nicht im politischen, sondern im apolitischen Sinn: diesen Aspekt zu übernehmen, wirkt sich für die Politik verhängnisvoll aus; der Glaube, diese sei die Lösung, stellt die Lösungen, die sie bietet, in Frage. Damit ist nichts gegen die Notwendigkeit der Politik gesagt, nur gegen ihre Ausschließlichkeit. Notwendig ist sie als Form, doch ist sie nicht mit dem Inhalt zu verwechseln, auch wenn Inhalt und Form aufeinander angewiesen sind. Den Verlauf, den die Politik einschlagen wird, vermögen wir nicht vorauszusagen, wir kämpfen für ihre demokratische Form, es mag sein, daß sie kommunistisch wird, eine notwendige Arbeitshypothese ihrer Fortentwicklung; die politische Freiheit ist damit zerstört, nicht die innere, die im Einzelnen zerbrechbar ist, es ist töricht, das zu leugnen. Ich kann an die Wand gestellt, in ein Irrenhaus eingesperrt werden oder einem Terrorakt zum Opfer fallen wie jeder von uns, aber als Anstoß, als Möglichkeit bleibt die ›moralische‹ Freiheit erhalten, flammt immer wieder auf. Indem ich so den Ablauf der Geschichte akzeptiere, akzeptiere ich nur das eine nicht: die Feindschaft gegen Israel. Störrisch, ich weiß, aber im Störrischen manifestiert sich meine Freiheit. Ich bin durch jeden Historiker zu widerlegen, um so mehr als ich keiner bin, von jedem Ideologen mit Hohngelächter: eine Stümperei, was ich unter Marxismus verstehe. Ich kümmere mich nicht darum, leuchtet mir doch nur eines ein: Das jüdische Volk als das Volk Gottes ist der erste Gesamtbegriff, dem sich der Einzelne unterordnen konnte, der erste Versuch der Versöhnung des Allgemeinen mit dem Besonderen. Von dieser Grundkonzeption aus bin ich bereit, weiterzudiskutieren. Ich. Bestürzt über dieses

Wort, ist mein Schluß unvermeidlich: Die unendliche Welt, diese nie restlos zu durchforschende und auszuleuchtende Welt des eigenen Ich, des Subjektiven, mit all ihren Abgründen des Unbewußten, gegenüber der konzipierten, definierten, intellektuellen Welt des Bewußten, die sich mit den mächtigen Systemen des Logischen panzert, mit scheinbar in sich stimmenden Ideologien, mit formal in sich stimmenden Weltbildern, imponierend, unanfechtbar, wird durchstoßen von der subjektiven Welt der Freiheit, von einer Illusion vielleicht nur, warum nicht, die Freiheit ist auch dieser Ironie mit Humor gewachsen. Sicher, die Welt, wie sie ist, ist kausalbedingt, und ihr zu entsprechen, haben wir unsere Weltsysteme errichtet, zuletzt den Marxismus: wir müssen schließlich begründen, warum es hienieden so blutig zugeht, der Verdacht käme sonst auf, es mache uns am Ende Vergnügen. Die Welt kausal bestimmt, die Welt das Weltgericht, wer zweifelt an der Erhabenheit dieser Vision? Gibt es eine andere, die dieser gewachsen wäre? Vor der Welt als Paradies schrecken wir zurück, wir sehen eine Welt voller Schafe, satt, eine Herde, die weidet, äst, die kein anderes Interesse mehr zeigt; wir sehen uns selbst nicht in dieser Welt. Wir malen uns eine lächerliche Welt aus, denken wir an den ewigen Frieden, eine vollkommene Wohlstandsgenossenschaft, weil wir ebensowenig aus dem Freund-Feind-Denken zu treten vermögen wie aus der Subjekt-Objekt-Beziehung. Ich sehe Abu Chanifa und Anan ben David in ihrem Verlies im Gefängnis zu Bagdad. Der Kalif hatte sie schon längst vergessen, wir wissen es, was kümmern ihn die beiden Theologen. Mit steigendem Alter macht ihm der Harem zu schaffen, die Eunuchen reißen schon Witze, außerdem ist dem Großwesir nicht recht zu trauen; und weil der Großwesir spürt, daß ihm der Kalif nicht mehr traut, vergißt er die beiden Gefangenen ebenfalls, mit gutem Gewissen, ist es doch Aufgabe der Verwaltung, sich um Anan ben David und Abu Chanifa zu kümmern. Aber die Verwaltung ist überlastet, das Gefängnis längst zu klein bei den politischen Wirren, die einsetzen: Sklavenaufstände, Rebellionen von mazdakischen Kommunisten, ein Harem nach dem anderen läuft zu ihnen über, da sie auch die Frauen gemeinsam haben. Neue Gefängnisse werden gebaut, zuerst neben dem alten, seine Außenmauern als Stützmauern zu weiteren Kerkern benutzend, eine ganze Gefängnisstadt entsteht, über der sich mit der Zeit eine zweite und dritte Gefängnisstadt erhebt, planlos, doch solid, Quader auf Quader getürmt. Al-Mansur ist längst gestorben und auch dessen Nachfolger al-Mahdi und dessen Nachfolger al-Hadi ibn al-Mahdi, den seine Mutter ermorden ließ, um ihrem Lieblingssohn Harun al-Raschid ibn al-Mahdi zur Macht zu verhelfen; dann stirbt der und dessen Nachfolger und so weiter, alle sinken sie dahin. Das Gefängnis, in welchem sich Abu Chanifa und Anan ben David gegenüberkauern, tief unter all den Gefängnissen, die daneben und darüber gebaut worden sind und wiederum darüber und daneben gebaut werden, weil der Aufstand der Negersklaven den Kalifen al-Mutamid ibn al-Mutawakkil zu neuen riesigen Gefängnissen zwingt, dieses wenige Quadratmeter messende Verlies im ursprünglichen Gefängnis ist längst verschollen und mit ihm Abu Chanifa und Anan ben David, ohne daß sich die beiden dessen bewußt sind, sitzen sie sich doch immer noch im Dunkeln gegenüber, im beinahe Dunkeln, denn tagsüber dringt von irgendwo oben, gebrochen durch unzählige Schächte, die kreuz und quer laufen, wie es sich bei der endlosen Bauerei ergab, ein schwacher Lichtschimmer zu ihnen herunter, gerade genügend, daß sie, neigen sie sich einander entgegen, ihre Gesichtszüge erkennen können. Aber sie kümmern sich nicht darum, ihr Gegenstand, mit dem sie sich beschäftigen, ist unerschöpflich, ja er scheint immer unerschöpflicher zu werden, je tiefer sich die beiden in ihn versenken. Ihr Gegenstand ist Gott in seiner Erhabenheit, demgegenüber alles unbedeutend ist: das jämmerliche Essen, die feuchten Pelze der Ratten, die längst den Koran und die Thora aufgefressen haben, die beiden einzigen Bücher, die ihnen al-Mansur als Gefängnislektüre hatte gestatten müssen; daß sie diese heiligen Schätze nicht mehr besitzen, ist von ihnen nicht einmal mehr bemerkt worden. Abu Chanifa und Anan ben David strichen zärtlich über die Pelze der Bestien, als diese ihr Zerstörungswerk begannen. Abu Chanifa ist längst gleichsam der Koran und Anan ben David die Thora geworden; spricht der Jude eine Stelle aus der Thora, spricht der Araber eine Sure aus dem Koran, die zur Stelle aus der Thora paßt. Auf eine geheimnisvolle Weise scheinen sich die beiden Bücher zu ergänzen; auch wenn ihrem Wortlaut nach keine Übereinstimmung vorliegt, sie stimmen doch überein. Der Friede der beiden Gefangenen ist vollkommen, doch rechnen sie in ihrer Versunkenheit in die göttlichen Offenbarungen, die sich scheinbar widersprechen und doch ergänzen, mit einem nicht, mit dem Nächsten, mit dem Wärter, mit dem wie die beiden nun uralten Sabier, der im geheimen immer noch seinen Götzen anbetet und, je unbarmherziger der rohe einäugige Götze schweigt, desto trotziger den Araber und den Juden verachtet. Er ist wie die beiden längst vergessen worden, die Gefängnisverwaltung weiß nichts mehr von seiner Existenz, er muß sich sein Essen bei anderen

Gefängniswärtern zusammenbetteln, die ihrerseits vergessen worden sind und ihr Essen zusammenbetteln müssen. Das wenige, das der Sabier erbettelt, teilt er mit den Gefangenen mechanisch, aus einem gewissen Pflichtgefühl heraus, das stärker als die Verachtung ist, die er den beiden gegenüber empfindet, eine Verachtung, die sich langsam zum Haß steigert, zu einem ohnmächtigen dunklen Zorn, der in ihm nagt, ihn ausfüllt, so daß er eigentlich nichts mehr ist als dieser Haß auf alles Jüdische und Arabische und darüber hinaus auf einen Gott, der einmal geredet haben soll, auf diesen Dichtergott, wie er ihn nennt, ohne eigentlich zu wissen, wo er dieses Wort aufgeschnappt hat, denn was ein Dichter sein soll, weiß er auch nicht. Da geschieht etwas Unerwartetes: Irgendein Kalif, sei es al-Qadir ibn Ishaq ibn al-Muqtadir oder al-Qaim ibn al-Qadir, erläßt nach einer glücklichen Liebesnacht mit einer gefangenen Venezianerin namens Amanda, Annunciata oder Annabella mit langen zinnoberroten Haaren den Befehl, alle Staatsgefangenen, deren Namen mit A beginnen, freizulassen. Durch einen Zufall dringt der Befehl zweihundert Jahre später, in den letzten Tagen des Kalifen al-Mustan al-Mustansir ibn az-Zahir, des vorletzten aller Kalifen, bis zum uralten Sabier vor, der Anan ben David brummend freiläßt, nach einigem Zögern freilich, hat er doch das Gefühl, auch Abu Chanifa freilassen zu müssen, eigentlich könnte er sich, denkt er, nach dem ›Abu‹ richten, niemand würde es bemerken, aber sein Haß, den er gegen die beiden hegt, bewegt ihn, sich an ›Chanifa‹ zu halten und die beiden Theologen zu trennen. So läßt er schadenfroh nur Anan ben David frei, schließt dessen Ketten auf. Bestürzt nimmt der Jude von Abu Chanifa Abschied, tastet noch einmal über das Gesicht des vertrauten Freundes, starrt in seine Augen, die wie aus Stein sind, und hat auf einmal das Gefühl, daß Abu Chanifa den Abschied nicht mehr wahrnimmt, daß dieser das Gefühl für jede Veränderung verloren hat, stolpert darauf bestürzt durch dunkle Gänge, von einer dumpfen Furcht vor der Freiheit ergriffen, erklimmt Leitern, die an nassen Mauern entlang in weitere Gefängnisse hinaufführen, irrt durch immer neue Gänge und gelangt zu steilen Treppen, bis er sich plötzlich im grellen Sonnenlicht in einem Hof befindet, blinzelnd, alt, unsäglich schmutzig, in Lumpen. Wie erlöst sieht er, daß die eine Hälfte des Hofes im Schatten liegt, schließt die Augen, tastet sich zur Mauer, läßt sich an ihr nieder. Ein Wärter oder ein Gefängnisbeamter findet ihn, fragt ihn aus, versteht nichts, schließt ihm kopfschüttelnd das Gefängnistor auf. Der Alte will seinen Platz an der Mauer nicht verlassen, der Wärter (oder der Gefängnisbeamte) droht Gewalt anzuwenden, der Alte muß gehorchen: Die endlose Wanderung Anan ben Davids durch die Welt beginnt, unfreiwillig, denn kaum vor dem Gefängnistor, kaum unter Menschen, wird er von allen angestarrt: er ist anders als sie gekleidet, in zerrissenen, verschmutzten Lumpen zwar, aber doch in einer altertümlichen Kleidung. Auch sein Arabisch klingt anders; als er nach einer bestimmten Gasse fragt, versteht man ihn nicht, außerdem gibt es diese Gasse nicht mehr, die Stadt hat sich verändert; dunkel erinnert er sich, einige Moscheen schon einmal gesehen zu haben. Er sucht die jüdische Gemeinde auf, meldet sich beim Rabbiner, einem berühmten Talmudkenner. Auch hier hat man Mühe, den Alten zu verstehen, aber man läßt ihn vor den heiligen Mann, der hinter seinen Büchern sitzt. Das eisgraue uralte Männchen umklammert die Knie des großen Talmudkenners, nennt seinen Namen. Der Rabbiner stutzt, fragt noch einmal, wird streng, entweder sei Anan ben David ein Narr oder ein Betrüger, der echte Rabbi Anan sei schon vor fast fünfhundert Jahren gestorben und ein Ketzer gewesen, von persischen Geheimlehren verseucht, er solle sich davontrollen. Dann wendet er sich wieder seinen Büchern zu. Anan ben Davids uraltes Gesicht verfärbt sich in heiligem Zorn, er erhebt sich: Ob er denn immer noch an den Talmud glaube, fragt er den Rabbiner, an dieses erbärmliche Menschenwerk? Nun richtet sich der berühmte Talmudkenner auf, ein Riese von Gestalt, mit einem wilden pechschwarzen Bart, nicht umsonst unter dem Namen ›Der Heilige Koloß‹ bekannt: »Weiche von mir, du jämmerlicher Geist Anan ben Davids!« donnert der Rabbiner, »du längst verfaulter! Laß ab von mir und von meiner Gemeinde. Du hast uns ins Unglück geführt, als du noch lebtest, und so seist du nun verflucht als schon längst Verscharrter!« Entsetzt stürzt Anan ben David aus dem Haus des Heiligen, die Flüche des Juden gellen ihm nach. Er irrt ziellos durch die Straßen und Plätze der Riesenstadt. Gassenjungen bewerfen ihn mit Steinen, Hunde schnappen nach ihm, ein Betrunkener schlägt ihn zu Boden. Er weiß sich keinen anderen Rat mehr, als sich wieder am Gefängnistor zu melden, das er mit großer Mühe findet. Verwundert wird ihm das Tor aufgeschlossen, aber niemand erinnert sich seiner, der Gefängnisbeamte (oder Wärter), der ihn entlassen hatte, ist nicht aufzutreiben. Der alte Jude berichtet von Abu Chanifa, niemand hat je von einem solchen Gefangenen gehört. Ein junger Subdirektor in der Leitung aller Gefängnisse der Stadt nimmt sich, historisch interessiert, des alten Juden an. Abu Chanifa ist für ihn ein vager Begriff, wenn es sich wohl auch um eine Verwechslung des Juden handelt, aber irgend etwas Wahres muß sich hinter der Geschichte verbergen. Er weist dem Alten eine Zelle im neuen Gefängniskomplex an, eigentlich für vermögende Untersuchungsgefangene bestimmt, mit Aussicht auf die Harun-al-Raschid-Moschee, läßt ihn verpflegen und neu einkleiden. Der Subdirektor wundert sich selbst über seine Großzügigkeit. Er forscht in alten Verzeichnissen, besichtigt alte Pläne, aber nichts läßt darauf schließen, daß unter all den Gefängnisbauten sich noch ein Gefängnis befinde, das Urgefängnis sozusagen. Der Subdirektor läßt alte Wärter zu sich kommen, auch uralte, die sich schon längst im Ruhestand befinden, niemand hat je von einem Sabier als Wärter gehört. Sicher, niemand kennt das ganze Gefängnis, zugegeben, die Pläne sind unvollständig, aber irgendeine Spur müßte immerhin vorhanden sein, wäre am Bericht des alten Juden etwas Wahres. Das sieht denn der Subdirektor schließlich ein, betrübt, denn irgendwie glaubt er dem Juden, fühlt sich ihm verpflichtet, seltsam, er gibt es zu, fühlt sich wie willenlos, spricht mit dem Direktor, ob man dem Alten nicht eine Zelle zur Verfügung stellen könne, am besten die Zelle, in der er schon haust, mit der Aussicht auf die Moschee. Das sei leider ausgeschlossen, der Direktor ist leicht indigniert über seinen Subdirektor, dieser könne doch nicht im Ernst annehmen, daß zwischen dem alten Juden und dem seit Jahrhunderten verstorbenen Abu Chanifa ein Zusammenhang bestehe. Er sei Gefängnisdirektor und kein Irrenhausleiter, der Subdirektor solle den Juden in ein solches einweisen. Aber Anan ben David hat sich, als dieser Entscheid gefällt wird, schon aus dem Staube gemacht. Er bleibt von da an verschwunden. Zwar sieht fünfzehn Jahre später, als Hülägu die Stadt niederbrennt, ein Mongole aus einer eingeäscherten Synagoge einen kleinen gebückten, uralten Juden entweichen und schickt ihm, verwundert, daß da noch jemand lebt, einen Pfeil nach, ohne schwören zu können, im ungewissen rauchigen Licht getroffen zu haben. Zweihundertfünfzig Jahre später fällt in Granada ein jüdischer Greis unbestimmbaren Alters der Inquisition in die Hände, er wird als Kuriosum dem Großinquisitor persönlich vorgeführt. Der Jude beantwortet keine Fragen, ob er stumm ist oder nicht, ist nicht auszumachen. Der Großinquisitor schweigt lange, starrt den Juden an, wie andächtig, macht eine unbestimmte Handbewegung, läßt ihn laufen als ohnehin dem Tode verfallen. Ob es sich in beiden Fällen um Anan ben David handelt, wissen wir nicht, sicher ist nur, daß er durch die Welt irrt, ohne sich je wieder zu erkennen zu geben, daß er seinen Namen verschweigt. Er wandert von einem Land zum anderen, von einer Judengemeinde zur anderen und sagt kein Wort mehr. In den Synagogen hüllt er sich in einen alten zerschlissenen Gebetsmantel, und man hält den Uralten, wie der Großinquisitor in Granada, für taubstumm. Bald taucht er in diesem, bald in jenem Getto auf, kauert bald in diesem, bald in jenem Lehrhaus. Keiner kümmert sich um ihn, er ist eben der alte taubstumme Jude, der von irgendwoher gekommen ist, dem man das Notwendigste zuschiebt, den zwar jede Generation kennt, aber immer für jemand anderen hält, der einem anderen uralten, taubstummen Juden gleicht, den angeblich die ältere Generation gekannt haben soll. Er ist auch eigentlich so gut wie nichts, ein Schatten bloß, eine Erinnerung, eine Legende; was er braucht, etwas Brot, etwas Wasser, etwas Wein, etwas Schnaps, je nachdem, er nippt ja nur, starrt mit seinen großen Augen ins Leere, nickt nicht einmal zum Dank. Wahrscheinlich verblödet, altersschwach. Es ist ihm auch gleichgültig, was man von ihm denkt, gleichgültig, wo er sich befindet, die Verfolgungen, die Pogrome berühren ihn nicht, er ist nun so alt, daß sich auch niemand mehr von den Feinden seines Volkes gegen ihn wendet; der Großinquisitor war der letzte, der ihn beachtete. Anan ben David ist längst in Osteuropa untergetaucht, im Lehrhaus des großen Maggids von Hesritsch heizt er während Jahren im Winter den Ofen, wohl eine chassidische Sage; wo er sich sommersüber aufhält, weiß niemand zu berichten. Im Zweiten Weltkrieg endlich holt ihn ein Naziarzt aus einer langen Schlange nackter Juden, die sich einer der Gaskammern von Auschwitz zuwälzen; er hat mit dem kleinen Greis einige Experimente vor, friert ihn ein, fünf, zehn, fünfzehn Stunden minus hundert Grad, zwei Wochen, zwei Monate, der Jude lebt noch immer, denkt an irgend etwas, ist eigentlich nie da; der Arzt gibt es auf. Zurückschicken mag er ihn auch nicht, er läßt ihn in Ruhe, hin und wieder befiehlt er ihm, das Laboratorium zu säubern. Plötzlich ist der Jude verschwunden, und schon hat ihn der Nazi vergessen. Aber indem die Jahrhunderte versinken, werden für Anan ben David die Jahrhunderte, die er mit Abu Chanifa im Gefängnis zugebracht hat, in diesem elenden Verlies in Bagdad, immer bedeutender, gewaltiger, strahlender. Zwar hat er Abu Chanifa längst vergessen, er bildet sich ein, allein im finsteren Kerker gewesen zu sein, in den ihn al-Mansur hatte werfen lassen (auch an dessen Namen erinnert er sich nicht mehr), aber es scheint ihm nun, als habe er während all der endlosen Jahre mit Jahwe geredet, und nicht nur geredet, als habe er seinen Atem gespürt, ja sein unermeßliches Antlitz gesehen, so daß dieses erbärmliche Loch, das ihn gefangengehalten hatte, ihm immer mehr als das gelobte Land vorkommt und sich sein ganzes Denken, wie das Licht in einem Brennpunkt, auf diesen einen Ort konzentriert und zur übermächtigen Sehnsucht wird, dahin zurückzukehren, zurück an diesen heiligen Ort, ja, daß er nur noch lebt, weil diese Sehnsucht der Rückkehr in ihm ist und nichts anderes mehr, wobei er freilich längst vergessen hat, wo sich dieser heilige Ort nun eigentlich befindet, so wie er Abu Chanifa vergessen hat: Dieser indessen, immer noch in seinem Verlies kauernd, von den von Zeit zu Zeit herabfallenden Wassertropfen zu einer Art Stalagmit geworden, mit einem Funken Leben, hat Anan ben David ebenfalls seit Jahrhunderten vergessen, so wie auch der alte Sabier Abu Chanifa vergessen hat; er ist immer seltener gekommen und schließlich ganz ausgeblieben. Vielleicht daß der einäugige, verrostete Götze ihn erschlug, als er sich von der Wand löste. Dennoch bleibt die Schüssel vor Abu Chanifa nicht leer, die Ratten, die einzigen Lebewesen, die sich in den über- und durcheinandergebauten Gefängnissen auskennen, schleppen ihm das Wenige herbei, das er zu seiner Nahrung braucht. Ihr Leben ist kurz, aber die Sorge für den vergessenen Gefangenen vererbt sich, er ist ihr Freund seit unzähligen Rattengenerationen, er teilte einst sein Essen mit ihnen, und nun teilen sie das ihre mit ihm. Er nimmt dennoch ihren Dienst wie selbstverständlich hin, kaum daß er hin und wieder ihre Pelze streichelt, immer seltener, je mehr er versteinert, sind doch seine Gedanken anderswo: Auch ihm kommt es vor, als habe er während Jahrhunderten mit Allah geredet, allein in diesem finsteren Kerker, und das elende Verlies, in welchem er kauert, ist für ihn längst kein Verlies mehr. Den Kalifen hat er längst vergessen, manchmal gibt er sich Mühe, sich an den Namen zu erinnern; die lächerliche Meinungsverschiedenheit, die ihn ins Gefängnis gebracht hat – er weiß nicht einmal mehr, worum es sich in diesem Streit gehandelt hat; auch ist es ihm nicht bewußt, daß er eigentlich schon längst den Kerker hätte verlassen können, daß niemand ihn hindern würde. Was ihn erfüllt, ist die Gewißheit, sich an einem heiligen Ort aufzuhalten, nur schwach hin und wieder erhellt, roh behauene Steinquader, schimmernd im Dunkeln, aber geheiligt durch den, der zu ihm gesprochen hat, durch Allah selbst; und was ihn am Leben erhält, ist die Aufgabe, diesen Ort durch sein Ausharren zu hüten als sein, Abu Chanifas Eigentum, ihm von Allah selbst übergeben. So wartet Abu Chanifa denn auf die Stunde, da Allah in seiner Barmherzigkeit wieder zu ihm sprechen, da er wieder seinen Atem spüren und sein unermeßliches Antlitz sehen würde. Er wartet mit der ganzen Sehnsucht seines Herzens, mit der glühenden Kraft seines Geistes auf diese Stunde, und sie kommt auf ihn zu, wenn auch anders als erwartet: Anan ben David ist auf seinen Irrfahrten nach Istanbul gekommen, zufällig, er weiß nicht einmal, daß er in Istanbul ist. Er hockt seit Wochen vor einer alten Synagoge, fast eins mit dem Gemäuer, grau und verwittert wie dessen Steine, bis ihn ein betrunkener Schweizer entdeckt, ein Bildhauer, der, wenn er nicht betrunken ist, gewaltige eiserne Geräte und Blöcke zusammenschweißt. Der Schweizer starrt den kleinen, uralten, zwerghaften Juden an, legt ihn über seine mächtigen Schultern und schleppt ihn zu einem verrosteten zusammengeflickten Volkswagenbus. Das heißt, in Istanbul ist der Schweizer noch nicht eigentlich betrunken, nur angesäuselt, aber dann durch Anatolien hindurch von Station zu Station berauschter, offenbar versucht er, in seinem Kleinbus Whisky zu schmuggeln, um sich Geld für seine Eisenplastiken zusammenzuverdienen, nicht ohne Geschick offenbar, wobei freilich der Whisky sich bedenklich vermindert und damit der Gewinn: Bei jedem Grenzposten, bei jeder Polizeistation, bei jeder Kontrolle zeigt er großzügig den Whisky vor, und ein unendliches Fest beginnt, mit dem Erfolg, daß die Grenzposten, die Polizeistationen und Kontrollen noch betrunkener sind als der Schweizer. Anan ben David hatte jedesmal bezeugt, indem er, wie immer sich stummstellend, den Kopf schüttelte, daß der Whisky im Koran nicht verboten ist; dazu hat ihn der Schweizer auch mitgenommen, in der Meinung, das uralte Wesen sei ein Moslem, ein Zusammenhang, auf den Anan ben David, in Jahwe versenkt und in Erwartung seines Wiederfindens mit ihm, nicht kommt. In Bagdad aber, ohne daß Anan ben David freilich weiß, daß er in Bagdad ist, glaubt er doch in Argentinien oder in Wladiwostock zu sein, so sehr sind ihm die Kontinente und die Erinnerungen durcheinandergeraten nach jahrhundertelangem Irren, in Bagdad aber saust der Schweizer in eine Verkehrsinsel, mit über hundertzwanzig Sachen auf dem Gashebel, wo man doch nur sechzig – die Verkehrsinsel, Verkehrspolizist, Bildhauer und Kleinbus stehen lichterloh in Benzin- und Whiskyflammen, alles explodiert, verpufft in einer gelben Rauchsäule Old Smuggler, samt einer der größten Kunsthoffnungen Helvetiens. Nur Anan ben David verschwindet in der Menschenmenge, die sich zusammenstaut, die tutenden Polizei- und Sanitätswagen am Herankommen hindert: vom Schweizer ist nur noch eine schwörende Hand übrig, auf was sie schwor, ist nicht mehr auszumachen. Anan ben David eilt an Luxusgeschäften entlang, biegt um ein Hochhaus, als er bemerkt, daß er von einem weißen Hund verfolgt wird. Der Hund ist hochbeinig und nackt, seine Haare sind ihm ausgefallen. Anan ben David flieht in eine Seitengasse, die Häuser sind uralt oder scheinen uralt, so verwahrlost sind sie, obgleich doch das Hochhaus ganz in der Nähe sein muß, auch wenn es nicht mehr sichtbar ist. Anan ben David erblickt den Hund nicht mehr, aber er weiß, daß dieser ihm folgt. Er öffnet die Tür eines alten baufälligen Hauses, betritt einen Hof voller Schutt, über den er klettert, im Boden findet er eine Öffnung, halb ein Brunnenschacht, halb eine Höhle. Eine Ratte starrt ihn bösartig an, verschwindet, in der Haustür erscheint der weiße nackte Hund, bleckt die Zähne. Anan ben David steigt in die Höhle hinab, ertastet Stufen, steigt hinunter, befindet sich in endlosen Gängen, die Finsternis ist vollkommen, aber er geht weiter. Er weiß, daß der nackte weiße Hund ihm nachschleicht, daß ihn die Ratten erwarten. Plötzlich fühlt er sich heimatlich, zu Hause, er bleibt stehen. Er weiß, ohne es zu sehen, daß vor ihm ein Abgrund ist, bückt sich, seine Hände sind im Leeren, fassen eine Leiter, er steigt hinab, furchtlos, gelangt auf festen Boden, ein neuer Abgrund, wieder tasten seine Hände im Nichts, wieder ist auf einmal eine neue Leiter da. Er steigt hinunter, die Leiter schwankt, oben kläfft der Hund. Jetzt weiß er den Weg, geht durch die niedrigen Gänge, betritt das gelobte Land: seine Zelle, sein Verlies, sein Gefängnis, seinen Kerker, in welchem er mit Jahwe geredet hat, die unbehauenen rohen Quader, der feuchte Boden. Er läßt sich nieder. Ein unendlicher Friede senkt sich auf ihn, der Friede seines Gottes, der Friede Jahwes. Doch plötzlich schließen sich zwei Hände um seinen Hals. Abu Chanifa fällt ihn an, als sei Anan ben David ein wildes Tier, eine Bestie, die in sein, Abu Chanifas Reich gedrungen ist, das doch Allah gehört, und Abu Chanifa ist nur von der heiligen Pflicht beseelt, diesen Eindringling, der seine

Freiheit bedroht, zu töten: Denn seine Freiheit besteht nicht bloß darin, daß dieses erbärmliche Verlies sein Verlies ist, Abu Chanifas Verlies, sondern daß es von Allah als sein, Abu Chanifas Verlies geschaffen worden ist, während sich Anan ben David mit der gleichen Wut verteidigt: Der, welcher ihn angreift, hat von seinem, Anan ben Davids gelobtem Land Besitz ergriffen, vom Ort, wo Er, Jahwe, Jehova, mit ihm, seinem unwürdigen Diener, gesprochen hat, wo er dessen Atem gespürt, dessen unermeßliches Antlitz geschaut hat. Der Kampf ist mörderisch, ohne Gnade; jeder verteidigt mit seiner Freiheit die Freiheit seines Gottes, einen Ort für den zu bestimmen, der an ihn glaubt. Und der Kampf ist um so schwerer für Anan ben David, als ihn unzählige Ratten überfallen, sich wütend, blutgierig in ihn verbeißen. Ermattet weichen die beiden Kämpfer voneinander, Anan ben David am Ende seiner Kraft, er weiß, einem neuen Angriff seines Gegners und der Ratten ist er nicht mehr gewachsen. Da geschieht Seltsames: Die Ratten, die Anan ben David doch angegriffen haben, diese fürchterlichen Bestien, schmiegen sich an ihn und lecken seine Wunden; und wie sie ihn lecken, spürt er die unmittelbare Nähe Jahwes, seines Gottes, er beugt sich unwillkürlich vor, um im ungewissen dämmerhaften Licht seinen Gegner zu erkennen, und sein Gegner beugt sich ihm entgegen, mühsam, den Kalksandstein zerbrechend, der ihn wie ein Panzer umgibt, doch schon zerbrochen, da vorhin sein Haß ihn aufbrach. Anan ben David starrt Abu Chanifa ins Gesicht und Abu Chanifa ins Gesicht Anan ben Davids: Jeder, uralt geworden durch die unzähligen Jahrhunderte, starrt sich selber an, ihre Gesichter sind sich gleich. Aber allmählich weicht in ihren fast blinden, steinernen Augen der Haß, sie starren sich an, wie sie auf ihren Gott gestarrt haben, auf Jahwe und Allah, und zum erstenmal formen ihre Lippen, die so lange geschwiegen haben, jahrtausendelang, das erste Wort, nicht einen Spruch des Korans, nicht ein Wort des Pentateuchs, nur das Wort: Du. Anan ben David erkennt Abu Chanifa, und Abu Chanifa erkennt Anan ben David. Jahwe ist Abu Chanifa und Allah Anan ben David gewesen, ihr Kampf um die Freiheit war eine Sinnlosigkeit. Abu Chanifas versteinerter Mund formt sich zu einem Lächeln, Anan ben David streicht zögernd durch das weiße Haar seines Freundes, fast scheu, als betaste er ein Heiligtum. Abu Chanifa geht es auf gegenüber dem uralten kleinen Juden, der da vor ihm hockt, und Anan ben David gegenüber dem uralten Araber, der vor ihm auf den Fliesen des Kerkers kauert, daß beider Eigentum, das Gefängnis des Abu Chanifa und der Kerker des Anan ben David, die Freiheit des einen und die Freiheit des anderen ist.

# *Nachgedanken*

unter anderem
über Freiheit, Gleichheit
und Brüderlichkeit
in Judentum, Christentum,
Islam und Marxismus
und über
zwei alte Mythen
1980

## *Vorbemerkung*

Wenn ich im Folgenden vom Marxismus und nicht vom Kommunismus rede, so weil ich unter dem Marxismus eine Ideologie verstehe, die ich als Weltanschauung, als die Wissenschaft, die sie sein will, aber nicht ist, ablehne, der ich jedoch als ökonomischer Arbeitshypothese bei bestimmten politischen Notsituationen zustimme, unter der Voraussetzung freilich, daß sie eine vorübergehende Arbeitshypothese bleibe und nicht zur Wahrheit deklariert werde: Arbeitshypothesen sind revidierbar, deklarierte Wahrheiten nicht, sie verkalken zum System; Arbeitshypothesen passen sich den Menschen an, den deklarierten Wahrheiten wird der Mensch angepaßt; die ersten kann man verwerfen, von den anderen wird man verworfen. Das sind Unterschiede: Als Ideologie einer Supermacht, wie sie die Sowjetunion ist, erscheint der Marxismus als Parodie seiner selbst, und das nur, weil er seine Ideologie für eine Wahrheit hält. Die Linke unserer Zone sollte dies begriffen haben. Der Marxismus als Philosophie ist nicht mehr haltbar, wohl aber einige Erkenntnisse, die er, wie jede Fiktion, zu Tage brachte. Er zeigte auf, wie der Mensch den Menschen ausbeutete, und fügte der Ausbeutung neue Möglichkeiten der Ausbeutung hinzu. Man sollte endlich auch seine Gefahren als ebenso unvermeidlich begreifen wie die Lichter, die durch ihn dem menschlichen Geiste aufgingen. Das hat er mit dem Judentum, dem Christentum und dem Islam gemeinsam, unabhängig davon, ob man an

Gott glaubt oder nicht – ich selbst habe mit diesem Begriff beträchtliche Schwierigkeiten: Der Glaube an ihn brachte Erkenntnisse über den Menschen ans Tageslicht, ohne die es jetzt noch dunkler wäre, aber auch dogmatische Scheinerkenntnisse, gegen die es immer wieder anzukämpfen gilt, weil sie die drei Religionen einerseits unglaubwürdiger, anderseits als Ideologien mißbräuchlich machen. Unter Kommunismus dagegen verstehe ich etwas Seltenes. Er kann sich nicht politisch verwirklichen, sondern nur spontan: im Urchristentum etwa, bei den heutigen Kommunen manchmal, bei den Kibbuzim einst oder bei bestimmten Sekten, die wir verlachen, oder bei jenem Rabbi, von dem Buber erzählt, er habe sich – aus Furcht, Diebe könnten sich versündigen, indem sie ihn, während er schlafe, beraubten – vor dem Schlafengehen jeweils hingekniet und erklärt: »Gott, ich gebe alle meine Habe frei«, um sich dann als Besitzloser beruhigt ins Bett zu legen.

# I

Nach dem Wiederlesen der *Zusammenhänge* sah ich keinen Anlaß, sie zu ändern. Sicher, oft pinselte ich zu nachlässig. Wer ein Fresko malt, behandelt nicht alle Partien gleich sorgfältig. Daß ich, durch solche Großzügigkeit verführt, die 77 Jahre freies Judäa unter den Hasmodäern unerwähnt ließ, ist nur so zu begreifen. Anderes korrigierte ich mit Absicht nicht. Hätte ich geändert, wären die Folgen unabsehbar gewesen: Hätte ich etwa beim Wiederlesen streng zwischen Kausalität und Determinismus unterschieden, so hätte ich den Gegensatz Islam–Marxismus neu darstellen müssen. Ich stieß auch erst bei meiner *Einstein*-Rede* auf diese Problematik, und politisch ist sie mir daher erst jetzt aufgegangen. Der Determinismus ist ein logischer, die Kausalität ein empirischer Begriff. Methodisch ist der Determinismus eine deduktive Ableitung, die Kausalität ein induktiver Schluß. Der Determinismus leitet das Besondere vom Allgemeinen ab, er geht von einer Idee aus, er stellt die Ableitung aus einer Idee dar. Die Kausalität geht zwar induktiv von einer Beobachtung aus, doch gibt es logisch keinen sicheren Schluß vom Besonderen auf das Allgemeine, von der Beobachtung auf die Idee. Das Induktionsproblem ist somit ungleich komplizierter als jenes der Deduktion. Nicht das Logische und Philosophische,

* In: *Philosophie und Naturwissenschaft*. Werkausgabe Bd. 33.

das Empirische ist das Schwierige. War die Philosophie denn auch zuerst überzeugt, daß jede Ursache eine Wirkung und umgekehrt jede Wirkung eine Ursache hat, kam mit Hume der Argwohn auf, die Kausalität beruhe auf einer Gewohnheitserwartung, und Kant sah in der Kausalität eine apriorische Denknotwendigkeit. Er legitimierte sie damit für die Naturwissenschaften und zog sie metaphysisch in Zweifel. Ein Grund, weshalb sich die Philosophie von den Naturwissenschaften trennte. Descartes und Leibniz waren noch große Mathematiker gewesen, Spinoza wollte ein Lehrbuch der Algebra verfassen, Kant ging es darum, Newton philosophisch durchzudenken. Nach Kant sind die Philosophen nur noch Philosophen – die Erkenntnistheoretiker ausgenommen. Erst Mach und von ihm beeinflußt Einstein, Physiker also, begannen die Kausalität wieder in Frage zu stellen und damit wieder das Induktionsproblem. Wer vom Beobachten ausgeht, kann sich das streng Logische nicht leisten. Er muß Einfälle haben: Das Besondere (das Beobachtete) erreicht das Allgemeine nie vollkommen, man muß ›springen‹, um es zu erreichen. Dieser Sprung verlangt Phantasie, Intuition, aber auch Kühnheit, die Pedanterie des Logischen zu verlassen. Wird dieser Sprung nicht gewagt, bleibt es bei einem ›Induktionsstopp‹, neigt die Erkenntnis dazu, zu erstarren, dogmatisch zu werden: Daß die Geschichte der Naturwissenschaften die Geschichte ihrer Irrtümer, die Geschichte der Philosophie die Geschichte ihrer Dogmen sei, stimmt nur bedingt, auch die Empirie besaß und besitzt ihre Dogmen. Was nun die Kausalität betrifft, so soll sie einerseits fähig sein, ein Ereignis vorauszusagen: diese oder jene Ursachen erzielen unter gleichen Umständen immer diese oder jene Wirkung, anderseits kann die Kausalität erst nachträglich bewiesen werden: durch Deduktion. Erst wenn aus der induktiv, aus der Beobachtung heraus intuitiv gefundenen Idee sich deterministisch, das heißt deduktiv, wieder die Beobachtung bestätigt, ist die Ursache gesichert. Die Ideen der Naturwissenschaft nennen wir Theorien. Doch sind nicht alle Theorien erkenntnistheoretisch gleichzubewerten: Es gibt unfruchtbare Theorien (z. B. die Hohlweltlehre), Sackgassentheorien und weiterführende Theorien. So ist etwa die Theorie, die Sonne bewege sich um die Erde, aus der Beobachtung induktiv entstanden, aber weil sie den ›Sprung‹ nicht wagte, führte sie in eine Sackgasse. Aus der Beobachtung, daß die Sonne auf- und untergeht, wurde induktiv geschlossen, daß sich die Sonne um die Erde dreht. Weitere Beobachtungen zwangen diesen induktiven Schluß zu immer neuen deduktiven Epizyklen, ihre Zahl wurde bis auf achtzig erweitert, bis sie im 15. Jahrhundert durch Peuerbach auf vierzig, ja vereinfacht auf siebenundzwanzig Epizykel verringert werden konnte. Was aber entscheidend war: das Ptolemäische System sah sich durchaus in der Lage, Voraussagen zu machen. Erst Laplace vermochte am Ende des 18. Jahrhunderts genauer zu sein als Ptolemäus im 2. Jahrhundert nach Christi. Zwar behauptete schon Aristarch von Samos im 3. Jahrhundert vor Christi, die Sonne sei das Zentralgestirn, aber er hatte offenbar keine genügenden induktiven Hinweise, um es auch deduktiv beweisen zu können. Auch Kopernikus und Galilei nicht. Der erstere benötigte achtundvierzig Epizykel, wie Arthur Koestler nachzählte – den man so gerne übergeht. Das Kopernikanische System war noch komplizierter als das Ptolemäische seinerzeit, obgleich Kopernikus das Gegenteil behauptet. Auch es war eine Sackgasse. Erst Kepler gelangte induktiv zu einer

Beobachtung, die sich deduktiv bestätigen ließ: Die Marsbahn, die er berechnete, war kein Kreis um die Sonne, sondern eine Ellipse, ebenso die Bahnen der anderen Planeten, also auch die der Erde. Eine Entdeckung, die denn auch die Frage aufwarf, warum die Erde sich um die Sonne drehe. Newton verließ die Sackgassentheorien, wagte von der Induktion auf eine Theorie zu springen, und beantwortete die Frage mit der Schwerkraft, mit einer Theorie, die deduktiv bestätigt werden konnte, deren Wesen jedoch unbekannt blieb; eine äußerst vereinfachte Darstellung einer äußerst komplizierten Geschichte. In diesem Zusammenspiel von Induktion, Intuition und Deduktion liegt der Grund, weshalb die Mathematik in der Naturwissenschaft eine derartige Rolle spielt. Die Mathematik ist an sich deduktiv, sie geht von Ideen aus (von Modellen, wie die Mathematiker sagen), die Zahl π etwa, die das Verhältnis des Kreisumfangs zum Durchmesser angibt, ist deshalb weder eine Wirkung noch eine Ursache, sondern eine logische Ableitung aus dem mathematischen Modell ›Kreis‹. Ich halte die Mathematik auch darum für ein deduktives Phänomen, weil sie als ›Denken in Begriffen‹, losgelöst von jeder Beobachtung, als menschliche Idee vorhanden ist: Indem ich mathematisch denke, realisiere ich eine ideelle Möglichkeit, auch wenn ich induktiv vorgehe, vollziehe ich eine Deduktion; wobei ich freilich zugebe, daß die Frage, ob die Mathematik deduktiv oder induktiv sei, zu einem Zirkelschluß führt: Der Kampf zwischen der deduktiven und der induktiven Auffassung der Mathematik ist der zwischen Systemdenkern und Problemdenkern (Marc Eichelberg), zwischen systematischen und schöpferischen Mathematikern. Als Nicht-Mathematiker vermag ich über die Mathematik nur deduktiv zu urteilen. Was nun die Beziehung der Physik zur Mathematik betrifft, so sei an den berühmten Ausspruch Einsteins erinnert, insofern sich die Sätze der Mathematik auf die Wirklichkeit bezögen, seien sie nicht sicher, und insofern sie sicher seien, bezögen sie sich nicht auf die Wirklichkeit. Einstein meinte damit wohl, daß die Physik ihre Theorien zwar in mathematischen Modellen (Formeln) wiedergeben müsse, daß aber diese Modelle nur ›sicher‹ seien, solange sie von keiner Beobachtung widerlegt würden, während die mathematischen Modelle an sich nicht der Korrektur der Wirklichkeit unterworfen seien. Sie sind nicht ›an sich‹, gemessen an einer Wirklichkeit, sondern ›in sich‹, gemessen an sich selber, ›sicher‹. Aus seiner ›Allgemeinen Relativitätstheorie‹ leitete Einstein zunächst deduktiv ein stabiles, in sich geschlossenes endliches Weltall ab; erst als die Mathematik dieses Modell durchdachte, kam sie auf ein sich ausdehnendes Weltall. Der sogenannte Doppler-Effekt, der Nachweis, daß sich weit entfernte Spiralnebel von uns entfernen, bestätigt diese deduktive Ableitung, solange nicht neu entdeckte, übersehene oder vernachlässigte Beobachtungen sie widerlegen. Ob sich das Weltall wieder einmal zusammenzieht, hängt von seiner Masse ab. Diese Frage ist noch nicht beantwortet, weil die Beobachtungen noch ungenügend sind. Beobachten heißt erfahren, darum bleibt die Wissenschaft innerhalb der Erfahrung (Kant). Wohl ist sie immer wieder gezwungen, aus der Erfahrung hinauszubrechen, induktiv Hypothesen aufzustellen, aber diese haben nur dann ihre Gültigkeit, wenn die Wirklichkeit sie deduktiv bestätigt. Geht es in der Wissenschaft um die Frage ›wahrscheinlich oder unwahrscheinlich‹, geht sie mit dem Begriff ›Wahrheit‹ nur zögernd um, stellt sich für den

Mathematiker die Frage, ob für ihn der Begriff ›Wahrheit‹ überhaupt noch einen Sinn habe, ob er nicht besser mit den Begriffen ›falsch‹ und ›richtig‹ operiere. Um so dringlicher sollte sich deshalb diese Frage bei den Religionen stellen, die mehr als jedes andere Denken behaupten, wahr zu sein. Sind sie ›in sich‹ oder ›an sich‹ wahr? Denn was die Religionen mit der Mathematik und der klassischen Philosophie – außer der Erkenntnistheorie – gemeinsam haben und was sie von den Naturwissenschaften unterscheidet, ist die Axiomatik; ferner neigen die Religionen dem Determinismus zu, wenn auch nicht zu leugnen ist, daß sich der Gegensatz zwischen Determinismus und Kausalität auch innerhalb der Wissenschaft fortsetzt: Daß sich die Erde um die Sonne dreht, ist nach Newton eine Wirkung der Schwerkraft, nach Einstein eine Eigenschaft des Raumes, eine Theorie, die schon während des Ersten Weltkriegs von Eddington durch den Nachweis der Krümmung des Lichts während einer totalen Sonnenfinsternis bestätigt worden ist. Was die Religionen von der Mathematik unterscheidet, ist die Unbeweisbarkeit ihrer Axiome, wenn auch die Beweisbarkeit der mathematischen Axiome logisch gewisse Rätsel aufgibt: Die Axiomatiker behaupten, daß die Axiome objektiv keines Beweises bedürfen; nach den Konstruktivisten ist die Mathematik ein aktives Denken, das ihre Richtigkeit dadurch beweist, daß eine mathematische Gedankenkonstruktion – also auch ein Axiom – nach ihren sich selbst gegebenen Regeln auch richtig ausgeführt worden sei: Die Mathematik beweist sich selbst, indem sie sich selber erfindet. Die Axiome der Religion, Gott etwa oder die Dreieinigkeit, sind grundsätzlich objektiv nicht beweisbar. Was die Determination der Religionen betrifft, etwa auf den Islam bezogen (aber auch auf die christliche

Prädestinationslehre oder auf bestimmte Aussagen des Alten Testaments): Gibt es nur einen Ursprung von allem, nämlich Allah (oder Gott oder Jahwe), und ist dieser Ursprung nicht ein Prinzip, sondern etwas Persönliches, eine Person, ist die Behauptung nicht unlogisch, daß es keine Naturgesetze gebe, daß es nicht die Wirkung der Schwerkraft sei, daß ein Stein zur Erde falle, sondern Gottes Wille. Nun könnte man kausal einwenden, Gottes Wille sei die Ursache dessen, daß der Stein falle, aber ebenso läßt sich folgern, das Fallen des Steins sei eine Eigenschaft der Allmacht Gottes, ob Kausalität oder Determinismus, wird zu einem bloßen Wortstreit – was zu blutigen Glaubenskämpfen genügt. Vielleicht läßt sich aus dem Gefühl der Unbeweisbarkeit die Neigung der Religion zur Mathematik erklären, sie hofft, sich so logisch zu machen; auch die Affinität der Mystik zur Mathematik (Pythagoräer, Kabbala usw.) spricht für diese Annahme. Sicher ist jedoch, daß alle dogmatischen Sätze der Religionen Folgerungen aus nicht beweisbaren Ideen und damit deduktiv sind. Die christliche Erlösungslehre, zum Beispiel, ist ein deduktives Meisterwerk, aus den in die Idee ›Gott‹ hineingelegten absoluten Eigenschaften Gottes abgeleitet: aus seiner absoluten Gerechtigkeit, aus seiner absoluten Liebe, aus seiner absoluten Barmherzigkeit – Gott ist gleichsam ein Sklave seiner absoluten Eigenschaften, aus denen sich immer erstaunlichere Dogmen deduzieren lassen. Die jüdische Dialektik schärft sich dagegen an der Auslegung des Alten Testaments, hinter dem Gott als Geheimnis bleibt, sie ist ein beständiges Hinweisen auf das, was Gott mit dem, was er seinem Volk als Gesetz auferlegt, vielleicht meinen könnte, ein Gesetz, das um so unbegreiflicher ist, als ein Gott sein Volk fallenließ. Der christliche

Glaube ist jener einer triumphierenden ›Kirche‹, der jüdische jener eines gedemütigten und doch auserwählten Volkes. Das Paradoxe des Christentums liegt im Jenseits, das des Judentums im Diesseits. Das Christentum baut die Gewißheiten, das Judentum die Ungewißheiten immer scharfsinniger aus. Beide gegensätzlichen Kulturen, die sie hervorbrachten, vermochten daher ›gleichzeitig‹ den Sprung in die Aufklärung zu wagen – ist diese doch nicht als ein Gegensatz, sondern als eine Weiterführung des deterministischen, deduktiven Glaubens zu verstehen, ein Schritt ins Induktive und damit ins Unsichere; denn nichts ist irreführender als der Gegensatz Glaube–Wissen. Wer glaubt, glaubt zu wissen, während die Wissenschaft vermutet. Je komplizierter die Deduktionen durchgeführt worden sind, desto anfälliger werden sie dem Zweifel. Die katholische Kirche, zum Beispiel, wird durch ihre sich vermehrenden Dogmen immer unglaubwürdiger, wobei vor allem das Dogma der päpstlichen Unfehlbarkeit die Kirche in eine Sackgasse treibt, aus der sie nicht mehr herausfindet. Auch sei erwähnt, daß sich aus den gleichen Axiomen entgegengesetzte Deduktionen ziehen lassen (in der Mathematik die Gödelschen Antinomien). Wenn das schon in der Mathematik der Fall ist, um so mehr in den deduktiven Gedankengebäuden der Philosophie und der marxistischen Politik. Daher die Glaubenskämpfe innerhalb des Marxismus außerhalb des Ostblocks. Er zerfällt in Sekten, von denen eine jede den Anspruch erhebt, die reine Lehre zu vertreten, ein Umstand, der um so schwerwiegender ist, als der Marxismus sowohl eine Philosophie als auch eine Politik, ja sogar noch eine Wissenschaft sein will. In Wirklichkeit ist der Marxismus ebenso eine Scheinwissenschaft wie die Philosophie Hegels, der den gleichen Anspruch erhebt wie Marx: Will jener aus der Metaphysik eine Wissenschaft machen, so dieser aus dem Materialismus, der nicht mit dem Empirismus der Naturwissenschaft zu verwechseln ist. Unter Empirismus verstehe ich hier, im Gegensatz zur Philosophiegeschichte, eine Erfahrungswissenschaft, unter Materialismus eine Philosophie. Was Hegel und Marx gemeinsam haben, besteht nicht nur darin, daß sie der Geschichte die gleiche Logik unterschieben, mit der sie angeblich fortschreitet, sie neigen beide auch zum System: ihre Wahrheiten sind ›in sich‹, das heißt wiederum: sie sind dogmatisch. Sie sind daher wie die meisten Philosophien vor Kant – Leibniz versuchte sogar die Mathematik in eine Metaphysik zu verwandeln – als Religionen zu verstehen. Auch ihre Affinität zur Mathematik ist die gleiche wie bei diesen. Was Hegel und Marx betrifft, stellen sie, historisch gesehen, mit dem deutschen Idealismus zusammen Versuche dar, die von Kant aufgeworfene Frage nach den Grenzen der Erkenntnis zu umgehen. Hegel und Marx haben – will man boshaft sein – eine neue Religion erschaffen, deren Anreiz darin besteht, daß sie sich wissenschaftlich gibt. Seien wir boshaft: Die Beziehung zwischen dem Islam und dem Marxismus stellt sich damit so dar, daß sich hier zwei Religionen gegenübertreten, von denen sich der Islam deduktiv nicht so weit entwickelte, ja, der in seiner Deduktion in einem Grade rückläufig wurde – seine deduktiven denkerischen Leistungen, den christlichen und jüdischen ebenbürtig, fallen ins 10. bis 13. Jahrhundert –, daß es in ihm zu keiner ›Aufklärung‹ kommen konnte, während der Marxismus zwar aus der Aufklärung hervorging, aber diese, aus Opposition zu ihr, wiederum zerstörte. Daß beide den Determinismus vertreten, liegt darin, daß im Islam Allah alles bestimmt, er läßt weder Freiheit zu noch Naturgesetze, er nährt den Menschen, nicht die Speise, er verbrennt, nicht das Feuer usw., er ist gänzlich transzendent, während im Materialismus das Weltgesetz der Materie immanent ist: aus ihm ist alles abgeleitet, auch der Mensch und dessen Entwicklung. Mit Recht schreibt E. O. Wilson: »Der Marxismus ist die Sozialbiologie ohne Biologie.« Marx ist nicht moralisch zu verstehen, sondern deterministisch: Ein Kapitalist beutet nicht aus Bosheit aus, sondern weil es im Wesen des Kapitalismus ist auszubeuten. Daß es in der heutigen Sowjetunion keine Ausbeutung geben soll, ist eine rein definitorische, das heißt deduktive Behauptung. Mit dem Islam steht das alte Mittelalter dem neuen Mittelalter des Marxismus gegenüber. Dies in einer Welt, in der überall die Aufklärung, das heißt, nach Kant, die Mündigkeit des Menschen zugunsten der Deduktion abgebaut wird, damit aber auch zugunsten des Irrationalen, folgt man der Vermutung Bertrand Russells, »daß der Vormarsch des Irrationalismus im neunzehnten und im bisherigen Teil des zwanzigsten Jahrhunderts eine natürliche Folge von Humes Zerstörung des Empirismus sei«, die Popper als Motto zu seiner *Objektiven Erkenntnis* braucht. Doch bin ich dieser Vermutung gegenüber skeptisch. Der Mensch denkt nicht nur ›rational‹, er assoziiert auch, bildet Analogien und erinnert sich. Stellt das rationale Denken das Objektive dar, so sind die Assoziationen, Analogien und die Erinnerung das Subjektive: sie sind auch die Grundelemente der Phantasie. Nicht daß diese ohne die Ratio auskäme: Im rationalen Phantasieren, beim Schreiben eines Dramas etwa, komponiert die Logik gleichsam die Handlung, formt den Stoff, den die Phantasie liefert, die ihn wiederum aus der Erinnerung schöpft oder aus der

Überlieferung, gleichwie, die Phantasie formt den Urstoff, ihr Material, um, die Ratio formt weiter; Ratio, Assoziation, Analogie, Erinnerung arbeiten zusammen. Die Frage ist nur, ob die Ratio ohne Phantasie auskommt: Was sie Intuition nennt, ist Phantasie, ist das Irrationale: ohne diesen Nährboden kommt die Ratio auch nicht weiter. Doch herrscht die Ratio allein, die Vernunft, wird das Ziel des menschlichen Geistes nur darin gesehen, alles zu verstehen, verdorrt die Phantasie: Eine verstandene Welt wäre eine todlangweilige Welt, der menschliche Geist braucht das Rätsel ebenso wie die Lösungen, das Chaos ebenso wie die Ordnung. Darum, je mehr der Rationalismus zunimmt, desto mehr nimmt auch der Irrationalismus zu. Der Rationalismus strebt nach Ordnung und nach Widerspruchsfreiheit, der Irrationalismus nährt sich vom Labyrinthischen und vom Widerspruch. Der Irrationalismus nimmt jedoch nicht nur infolge des Rationalismus zu, sondern auch aufgrund seiner selbst: durch seine Fähigkeit, irrationale Ordnungen und irrationale Widerspruchsfreiheiten zu schaffen. Auch diese irrationalen Scheinwahrheiten wirken auf den menschlichen Geist, wie eine verstandene Welt auf ihn wirken würde: eine dogmatische Welt ist ebenso tödlich, wie es eine völlig verstandene wäre. So nimmt denn das Irrationale zu, als Gegenwehr gegen das Rationale und gegen das Irrationale, Symptome allerorten: der Versuch gewisser westlicher Politiker, den Gegensatz Ost–West zu einem ideologischen Konflikt auszubauen, statt ihn empirisch zu behandeln; der Glaube, alles hänge vom Staat ab; sogar das persönliche Glück sei aus ihm abzuleiten, und gleichzeitig mit diesem Glauben vereint das Gefühl, der Staat werde zu mächtig, die Bürokratie zu undurchsichtig – als ob die Abhängigkeit vom Staat nicht dessen Macht bedinge; der Widerspruch zwischen den Wünschen und den Folgen dieser Wünsche; der Hunger nach immer mehr Ideologie und der Glaube, die Fehler einer Ideologie lägen beim Menschen und nicht bei der Ideologie; die Sehnsucht nach immer neuen Religionen und Scheinreligionen, der Zulauf, den die Gurus haben; die Bedeutung der Astrologie; die Hilflosigkeit den Naturwissenschaften gegenüber, die zu Geheimwissenschaften werden (wer findet sich noch in der Kernphysik zurecht, in der Biologie, in den Erkenntnistheorien usw.?); oder die ungeheuerlichen Verflechtungen der Wirtschaft, deren Undurchsichtigkeit das dumpfe Gefühl erweckt, von obskuren Mächten beherrscht zu werden (auch das Gefühl, ohnmächtig zu sein den Multis gegenüber, die selber irrational geworden sind, krebsartige, selbständig gewordene Wirtschaftsorganisationen, ist ein irrationales Gefühl), die Technik endlich, die nur an das Funktionieren und nicht an die Folgen denkt, die wie die Wissenschaften dazu neigt, eine Geheimtechnik zu werden, nicht weil sie geheimgehalten würde, sondern weil sie zu vielseitig und damit vom Nichttechniker als etwas hingenommen wird, das er nicht mehr zu verstehen braucht; das Rationalste wird für irrational gehalten – auch die Götter nahm man hin, man brauchte sie nicht zu verstehen – usw. usw. Hier sollte man stutzen: Determinismus, Deduktion, Dogmatismus, Irrationalismus – ich scheine innerhalb des rationalen Denkens allzu vieles zueinander zu werfen, was nicht zueinander gehört. Auch eine Deduktion setzt ein scharfsinniges Denken voraus. Indem ich dieses Denken für irrational erkläre, gerate ich in einen Widerspruch. Doch betrachten wir noch einmal die Mathematik: Ist die Mathematik als Denken in Begriffen eine Wahrheit ›in sich‹, ist sie rational; betrachtet sie sich als Wahrheit ›an sich‹, etwa als Metaphysik, ist sie irrational. Auch mit den Religionen scheint es sich ähnlich zu verhalten: Als Wahrheiten ›in sich‹ begriffen, sind sie rational, notwendige Fiktionen; betrachten sie sich als Wahrheiten ›an sich‹, werden sie irrational. Auch die Ratio, nicht nur die Phantasie, besitzt einen Hang zum Irrationalen. Gibt sie dem nach, finden Glaubenskämpfe statt, während – sind sich die Gläubigen bewußt, daß ihr Glaube etwas Unbeweisbares, Subjektives ist – zwischen den Religionen nur eine Beziehung möglich ist: die der Toleranz. (Das gilt auch für die Wissenschaften. Eine rein objektive Wissenschaft halte ich für unmöglich, Begreifen ist ein Interpretationsproblem.) Die eigentliche Schwierigkeit besteht jedoch darin, daß der echt Gläubige, gerade weil er glaubt, das, woran er glaubt, nicht für Wahrheit ›in sich‹, sondern für Wahrheit ›an sich‹ hält. Ein rationaler Gläubiger steht im Widerspruch zu sich selber, daher steht er auch zu seiner Irrationalität: credo quia absurdum. Ähnlich widersprüchlich steht es um den Politiker: Ist er sich bewußt, daß die politischen Dogmen nur ›in sich‹ wahr sind, wendet er sie als Arbeitstheorien an, die ständig überprüfbar, revidierbar und zurücknehmbar sind, ist er rational; glaubt er, die Dogmen seien ›an sich‹ wahr, wird er als Politiker irrational, um so verhängnisvoller: der Politiker ist bei weitem mehr mit der Macht verbunden – entweder mit deren Eroberung oder deren Handhabung – als mit den Problemen, die eine Ideologie erkenntnistheoretisch aufwirft, ob sie ›in sich‹ oder ›an sich‹ wahr sei. Nehmen wir an, ein Politiker wolle eine Ideologie durchsetzen: Je ideeller diese Ideologie ist, desto mehr gerät sie in Widerspruch zu der Natur des Menschen.

II

Der Politiker gerät in die Lage des Prokrustes, der die Menschen seinen Betten anpaßte. Dieser Riese hieß eigentlich Polypemon und ist der erste ideologische Politiker, von dem wir wissen. Im Landstrich Korydallos lebten ebenso viele Riesen wie normal gewachsene Menschen, wobei es naturgemäß dazu kam, daß die großgewachsenen Menschen, die Riesen also, die kleineren Menschen unterjochten. Da Korydallos in der Nähe Attikas liegt, wehte aus Athen ein Hauch von Vernunft herüber und inspirierte den Riesen Polypemon, der ein besonders großer Riese, ein Gigant, war, zum Nachdenken. Wochenlang lief er grübelnd in der Gegend herum, die Ungleichheit der Menschen beschäftigte ihn. Darauf nannte er sich Prokrustes, der Strecker, und baute zwei Betten, eines für die Riesen und eines für die Nicht-Riesen. In das Bett für Nicht-Riesen legte er die Riesen und hackte ihnen die Beine ab, so daß die Riesen ins Bett für Nicht-Riesen paßten, und die Nicht-Riesen legte er in das Bett für Riesen und streckte sie, bis sie diesem Bett entsprachen. Pallas Athene, von deren Atem der Hauch der Vernunft bis Korydallos geweht war, fühlte sich verantwortlich und begab sich zu Prokrustes. Sie fragte ihn, was er da treibe. »Ich handle gemäß deiner Vernunft, Göttin«, antwortete der Gigant, »deren Anhauch mein Denken in Bewegung gesetzt hat. Ich begann, mir über die Ungleichheit der Menschen Gedanken zu machen. Sie ist ungerecht. Ich erkannte allmählich, daß die Gerechtigkeit verlangt, daß alle Menschen gleich sind. Das ist vernünftig. Nun gibt es in Korydallos Riesen und Nicht-Riesen, wobei die Riesen die Nicht-Riesen unterjochen. Die Menschen hier sind also in zweifacher Weise ungleich:

in ihrem Wesen und in ihrem Tun. Das ist unvernünftig. Nun hätte ich die Riesen allein zu Nicht-Riesen machen können, indem ich ihnen die Beine abgeschlagen hätte, aber damit hätte ich wiederum ein neues Unrecht geschaffen: Krüppel-Nicht-Riesen und Nicht-Riesen, wobei nun diese die zu Krüppeln gewordenen Riesen unterjocht hätten. Auch unvernünftig. Gehe ich aber gegen die Nicht-Riesen vor, zerre ich sie zu Krüppel-Riesen auseinander, schaffe ich eine neue Ungleichheit: als Krüppel-Riesen sind sie ebenso den Riesen ausgeliefert, wie sie es als Nicht-Riesen waren. Wieder unvernünftig. Darum gibt es nur eine Möglichkeit für mich, die Gerechtigkeit, die Gleichheit aller Menschen herzustellen: Die Riesen haben das Recht, Nicht-Riesen, und die Nicht-Riesen das Recht, Riesen zu sein. Danach handle ich. Den Riesen hacke ich die Beine ab, sie werden so klein wie die Nicht-Riesen, die Nicht-Riesen strecke ich zur Größe der Riesen aus. Daß durch diese Operation – überleben sie sie – beide zu Krüppeln werden, macht beide gleich, und sterben sie infolge der Operation, sind sie einander auch gleich, macht doch der Tod alle gleich. Ist das nicht vernünftig?« Kopfschüttelnd kehrte Pallas Athene nach Athen zurück: Die Argumentation des Prokrustes hatte ihr die Sprache verschlagen. Es war das erste Mal, daß sie als Göttin eine ideologische Rede vernommen hatte, und sie fand keine Entgegnung. Prokrustes, durch das Schweigen der Göttin von der Richtigkeit seiner Deduktionen überzeugt, folterte weiter. Denen, die er folterte, erklärte er immer wieder, es geschehe im Namen der Gerechtigkeit: Der Riese habe nun einmal das Recht, ein Nicht-Riese zu sein und umgekehrt. Der Landstrich Korydallos wurde zur Hölle, erfüllt vom Schreien der Gemarterten, das in ganz Griechenland zu hören war. Die Götter hielten sich verlegen die Ohren zu. Sie fanden auf die Argumentation des Prokrustes auch keine Antwort. Besonders die Flüche waren gräßlich zu hören. So stellten sie schließlich den Ton des Fernsehers ab – als Götter waren sie technisch den Menschen weit voraus –, um die Gebete und die Hilferufe, aber auch das Geschrei und die Flüche aus Korydallos nicht mehr zu hören; wobei sie freilich vom Rest der Erde auch nichts mehr hörten; aber was machte das, sie griffen ohnehin nicht mehr in die Geschichte ein. Und so verfluchten denn die Riesen und Nicht-Riesen den Prokrustes, während er sie folterte, und die Krüppel-Riesen und die Krüppel-Nicht-Riesen verfluchten ihn; ja sogar aus den Gräbern derer, welche die grausame Prozedur nicht überstanden hatten, ertönten Flüche. Weil aber Prokrustes, der sich als Wohltäter fühlte und überhaupt ein sensibler Gigant war, nicht begriff, warum er verflucht wurde, dachte er, es liege an seiner Methode, er schaffte für seine Betten besonders gute Matratzen an. Dann, als die Korydallier weiterheulten und fluchten, versuchte er, die Gefolterten auf eine andere Weise zu beschwichtigen, waren sie doch offenbar nicht von der göttlichen Vernunft erleuchtet wie er. So redete Prokrustes denn auf seine Opfer ein, es sei heldenhaft, in dem für sie bestimmten Bett zu leiden, sei es doch aus Hölzern verfertigt, die alle im Lande wüchsen – eine nicht minder irrationale, jetzt aber patriotische Begründung seiner Folterungen. Und wirklich, einige Riesen und einige Nicht-Riesen legten sich diesmal freiwillig hin. Überhaupt nahm das Fluchen mit der Zeit ab. Wie der Mensch für seine Taten Begründungen erfindet, erfindet er auch für seine Leiden Trost. Einige Krüppel-Riesen und Krüppel-Nicht-Riesen redeten sich ein, sie seien für eine bessere Zukunft gefoltert worden; wenigstens ihre Nachkommen würden nicht mehr gefoltert werden, weil die Riesinnen mit der Zeit durch die evolutionäre Anpassung Krüppel-Nicht-Riesen und die Nicht-Riesinnen Krüppel-Riesen gebären würden, so daß Prokrustes überhaupt nicht mehr zu foltern brauche. Andere freuten sich gar darauf zu sterben, da es, wie sie hofften, im Jenseits keine Folter mehr gebe. Die Irrationalität der Folterungen und ihrer Begründungen trieb die Gefolterten, um die Folter zu ertragen, ebenso ins Irrationale. Nur einige wenige der gefolterten Riesen und Nicht-Riesen beharrten darauf, das Folterbett und die Folter seien ein Unsinn. Diese haßte Prokrustes am meisten, war er doch empört darüber, daß sie nicht einsehen wollten, daß er nicht aus Lust folterte, sondern aus geschichtlicher Notwendigkeit. Er glaubte mit der Zeit, da er, um das Stöhnen und Schreien nicht mehr zu hören, sich immer neue Begründungen seiner Folterei ausgedacht hatte, die Geschichte könne nur einen Sinn haben, wenn sie fortschreite, und dieser Fortschritt bestehe darin, daß sie immer gerechter werde, und gerechter werde die Geschichte nur, wenn sie sich von der Ungleichheit der Menschen zu deren Gleichheit hin entwickle. Als aber der junge Theseus von Troizen nach Athen wanderte, um dort, als Sohn des Aigeus, König zu werden, weshalb er die Politik von einem praktikablen Gesichtspunkt aus neu überdachte, kam er auch nach Korydallos. Theseus hörte sich verwundert die Ideologie des Prokrustes an. »Du mußt zugeben, daß ich vernünftig handle«, sagte Prokrustes stolz, »selbst Pallas Athene wußte mir nichts zu erwidern.« »Du handelst ebenso unvernünftig wie Pityokamptes, der Tannenbieger, der die Wanderer zerreißt, indem er sie an die Spitzen zweier niedergebogener Tannen bindet und diese dann zurückschnellen läßt«, antwortete Theseus. »Der einzige Unterschied zwischen Pityokamptes und dir besteht darin, daß jener sich nicht einbildet, er müsse im Namen der Gerechtigkeit die Menschen zerreißen. Er tut es aus reiner Lust an der Grausamkeit.« »Pityokamptes ist mein Sohn«, sagte Prokrustes nachdenklich. »Ich habe ihn getötet«, gestand Theseus ruhig. »Du hast gerecht gehandelt«, meinte Prokrustes nach langem Nachdenken, »auch wenn Pityokamptes mein Sohn war. Aus reiner Lust an der Grausamkeit darf man nicht töten.« Doch als Prokrustes Theseus dankbar die Hand schütteln wollte, warf dieser den Giganten mit einer solchen Wucht auf das kleinere Bett, daß die Erde erzitterte. »Du Narr«, sagte er und hielt Prokrustes, der ihn mit großen Augen verwundert anstarrte, nieder. »Allzuwenig bist du vom Hauch der Vernunft gestreift worden. Die Menschen sind nicht gleich, gäbe es doch sonst keine Riesen und keine Nicht-Riesen, sondern nur Riesen oder nur Nicht-Riesen. Und weil die Menschen nicht gleich sind, die einen größer, die anderen kleiner, hat jeder Riese das Recht, ein Riese, und jeder Nicht-Riese das Recht, ein Nicht-Riese zu sein. Gleich sind beide nur vor dem Gesetz. Hättest du dieses Gesetz eingeführt und verhütet, daß die Riesen die Nicht-Riesen unterjocht hätten, oder, was auch der Fall hätte sein können, daß die Riesen von den Nicht-Riesen mißbraucht worden wären, so hättest du deinen Korydalliern die unsinnige Folter erspart.« Und damit schlug Theseus dem Prokrustes zuerst die Beine und, weil dieser ja als Gigant ein besonders großer Riese war, auch den Kopf ab, der noch im Hinunterkugeln murmelte: »Ich bin doch nur gerecht gewesen.« Und dann sagte der Kopf noch, als er auf seinen Halsstummel zu stehen kam, bevor er seine großen Augen schloß: »Ich habe keinem Menschen jemals etwas zuleide getan.« Dann wanderte Theseus nach Athen weiter zu seinem Vater Aigeus. Leider war Theseus nicht nur ein Held, sondern auch vergeßlich. So hatte er schon bei Prokrustes vergessen, daß er nicht nur dessen Sohn Pityokamptes getötet, sondern auch dessen Enkelin Perigune geschwängert hatte. Er vergaß einfach alles. Sein Taschentuch war voller Knoten, es nützte nichts. Als er von Kreta heimkehrte, vergaß er auf der Insel Naxos Ariadne, die ihn aus dem Labyrinth gerettet hatte, und dann vergaß er, das weiße Segel aufzuziehen, so daß sich sein Vater ins Meer stürzte, weil er glaubte, Theseus sei im Labyrinth vom Minotaurus getötet worden. Dann wurde Theseus König. Leider hatte er auch seine kluge Rede an Prokrustes vergessen: Nicht daß er ein besonders schlechter König geworden wäre – er zählt in der Skala der Könige zu den eher besseren –, aber unter ihm waren dennoch nicht alle gleich vor dem Gesetz, sondern einige gleicher als andere. Dazu kam, daß Theseus auch als Ehemann vergeßlich war: Seine Liebschaften, schreibt Robert von Ranke-Graves, brachten die Athener so häufig in Verlegenheit, daß sie erst Generationen nach seinem Tode seine wahre Bedeutung erkannten.

III

Nach dem rationalen und dem irrationalen Handeln kommt mit der Macht ein dritter Faktor ins Spiel. Die Macht ist eine empirische Angelegenheit, aber sie hat den Drang, sich zu rechtfertigen. Die Rechtfertigung ist gleichzeitig ihre Legitimation. Diese Legitimation kann rational oder irrational sein. Die Macht kann sich auf ein Abkommen gründen, das Menschen untereinander schließen und das sie einhalten, oder sie kann die Herrschaft weniger oder eines Einzelnen über viele bedeuten. Liegt die Macht in einem Abkommen, das Menschen untereinander geschlossen haben, stellt dieses Abkommen die Gesetze dar, an die sich die Menschen zu halten haben; diese können wiederum rational oder irrational sein: Entweder stellen die Menschen die Gesetze aus der Erfahrung auf, die sie miteinander gemacht haben, und versuchen, den so eingespielten Zustand zu kodifizieren, oder sie glauben an einen göttlichen Ursprung der Gesetze oder entwerfen Gesetze, um ein Zusammenleben zu verwirklichen, das sie als ideal ansehen, dem sie aber noch nicht entsprechen. Doch ist die Frage nach der Legitimation der Macht natürlich noch weitaus komplizierter: Je größer die Konzentration der Macht, das Delegieren der Macht an wenige, ist, desto schwieriger ist es, diese Macht zu begründen und damit zu legitimieren. Die Macht, die sich auf Gesetze zwischen den Menschen gründet, verlangt Instanzen, die entscheiden, ob die Gesetze eingehalten werden oder nicht, und Instanzen, welche das Einhalten der Gesetze erzwingen. Fallen die beiden Instanzen zusammen, wächst die Gefahr, daß die Gesetze willkürlich ausgelegt werden: Gibt es doch schon an sich keine menschliche Institution, welche die Willkür der Entscheide völlig ausschließt, die gänzlich verhindert, daß Einzelne bevorzugt werden, auch wenn die Gesetze empirisch sind. Im Falle jedoch, daß sie irrational sind, religiös oder ideologisch, stellt sich ein neues Problem: Eine Religion oder eine Ideologie muß geglaubt werden. Der Glaube ist etwas Subjektives. Die Gesetzgebung ist die Kunst, evidente Gesetze aufzustellen, juristische Axiome, die unmittelbar einleuchten, und von denen ausgehend, von der Idee etwa, daß vor dem Gesetz alle gleich sind, die Gesetze auf die einzelnen Fälle zu deduzieren. Die Gesetzgebung ist wie die Mathematik eine logische Disziplin, daher die Diskussionen, ob Relikte eines nicht-logischen Denkens, wie etwa der Eid oder die Gotteslästerung, unter das Gesetz fallen. Will sich jedoch eine irrationale Macht legitimieren, kann diese Legitimation ebenfalls nur irrational ausfallen, sie ist nur noch subjektiv evident, sie ist gezwungen, das subjektive Element zu unterdrücken und sich zu dogmatisieren. Darum steht heute das rationale Recht dem dogmatischen Recht gegenüber: das Recht, das ›in sich‹ zu stimmen hat, dem Recht, das behauptet, ›an sich‹ zu stimmen. Der Vorteil des rationalen Rechts ist, daß sich die Macht an ihm empirisch zu legitimieren vermag, gleichsam so wie die Physik ihre Theorien an der Mathematik legitimiert. Vermag sich die Macht am rationalen Recht zu orientieren, so dieses Recht an der Wirklichkeit. Was Einstein über die Mathematik sagt, könnte auch über das rationale Recht gesagt werden, über die Justiz: Insofern sich ihre Gesetze auf die Wirklichkeit beziehen, sind sie nicht ›gerecht‹, und insofern sie gerecht sind, beziehen sie sich nicht auf die Wirklichkeit. So in sich logisch die Justiz auch ist, sie muß immer von der Wirklichkeit neu überprüft werden können. Dieser empirische Satz widersteht der Justiz, denn einmal festgelegt, neigt sie dazu, sich zu dogmatisieren; eine Neigung, die sie mit der Gesellschaftsordnung teilt, welche die Justiz hervorbrachte: Auch das Rationale wird mit der Zeit irrational, ihren Veränderungen gegenüber ist jede Gesellschaftsordnung vorerst juristisch hilflos. Demgegenüber ist das an sich dogmatische Recht an keiner Wirklichkeit verifizierbar. Die Frage, ob der Papst an seine Unfehlbarkeit glaube oder Breschnew an den Marxismus-Leninismus, ist ebenso unsinnig wie die Frage, ob je ein römischer Kaiser geglaubt habe, er sei ein Gott. Die katholische Kirche verliert ihre Legitimation, wenn sie nicht die alleinseligmachende und daher, was ihre Lehren betrifft, die alleinunfehlbare Kirche ist; daß diese Unfehlbarkeit zur Lehrtätigkeit eines Einzelnen hin tendierte und sich endlich im Dogma der päpstlichen Unfehlbarkeit formulierte, ist innerhalb der katholischen Kirche ein irreversibler Prozeß: Die Kirche ist durch ihre Dogmen nicht nur gerechtfertigt, sie ist auch mit ihren Dogmen identisch, sie stellt gleichsam ihre Gesetze selbst dar, die im Papst verkörpert sind. Zwischen der Kirche und dem Einzelnen gibt es keine Instanz. Im Gegenteil, die kirchlichen Dogmen binden den Einzelnen nicht nur an eine Lehre, die ihn erlöst und die ewige Glückseligkeit verspricht, sie binden ihn auch an die Kirche, weil diese die einzige sichere Instanz ist, die ihm die richtige Lehre vermittelt, das, was er glauben darf. Der Glaube, an sich subjektiv, indem ein jeder ja nur zu glauben vermag, was ihm einleuchtet, wird so etwas Formuliertes, er wird ein Gesetz. Nicht, daß ein Katholik glauben muß, was er nicht vermag, doch dieses Unvermögen kann er der Kirche beichten, die ihm wiederum vergeben kann, was doch eigentlich nur Gott könnte: die Kirche wird zu einer Instanz zwischen dem Einzelnen und Gott. Die Kirche, ausgestattet mit der irrationalen Vollmacht zu vergeben, vermag denn so auch den Nicht-Glauben zu integrieren, den Zweifel, das Subjektive, insofern sich ihr der Einzelne als Sünder unterwirft. Ob daher der Papst glaubt, was er verkündet, ist gänzlich nebensächlich. Als letzte Instanz hat auch er das Recht zu zweifeln, auch er hat zu beichten, und das Beichtgeheimnis gilt auch ihm gegenüber. Doch weist das Beichtgeheimnis eine Kehrseite auf: Einer, der die Dogmen nicht zu glauben vermag, wird auch subjektiv nicht das Gefühl haben, er sündige, er wird seinen Nicht-Glauben denn auch nicht beichten. Was er beichten wird, sind seine subjektiven Sünden: Was er beichtet, ist eigentlich gleichgültig, die Vergebung der Kirche beruht auf einer Wahrheit der Beichte, die nicht beweisbar ist; das Beichten wird zur logisch notwendigen Formalität. Weil die katholische Kirche identisch mit ihrer Legitimation ist, untersteht sie auch keiner Rechtfertigung der Wirklichkeit gegenüber. Im Gegenteil, die Wirklichkeit steht der Kirche gegenüber in Schuld. Die Wirklichkeit ist insofern nicht erlöst, als sie sich der Kirche nicht unterworfen hat: So verhielt sich denn die Kirche auf den Höhepunkten ihrer weltlichen Macht der Wirklichkeit gegenüber aggressiv (Konflikt mit den mittelalterlichen Kaisern, die Kreuzzüge, die Inquisition usw.) oder bot sich den weltlichen Mächten als ideologisches Werkzeug dar. Je mehr sie jedoch an Macht über die Wirklichkeit verlor, je mehr sie von dieser als eine institutionelle Ideologie abgekapselt wurde, desto mehr baute sich die Kirche dogmatisch aus, das Unfehlbarkeitsdogma wurde erst 1870 definiert. Doch je dogmatischer die Kirche wird, desto unduldsamer muß sie werden. Nicht Pius XII. war ein Zwischenfall, sondern Johannes XXIII. Pius XII. war als Papst im Zeitalter der Diktatoren ebenso einer wie diese; Paul VI. und Johannes Paul II. setzen das Werk Pius' XII., nicht die Reformation Johannes' XXIII. fort. Das gleiche gilt im marxistischen Lager für Stalin. Auch er war kein Zwischenfall, sondern eine logische Folgerung aus einer Ideologie. Denn was für die katholische Kirche gilt, gilt für die Partei noch unerbittlicher: ihr Machtanspruch ist im Diesseits, jener der katholischen Kirche im Jenseits begründet. Darum stehen denn auch der Partei Divisionen zur Verfügung, dem Papst nur die Schweizergarde. Aber auch die Partei ist durch sich selbst legitimiert: durch die Transposition ihrer irrationalen Dogmen auf die Wirklichkeit, an der sie sich nicht korrigiert, sondern die sie vergewaltigt. Deshalb ist die Frage nach dem Glauben eines Parteichefs an seine Ideologie sinnlos. Ich vermute, daß es kaum Marxisten an der Macht gibt, die an den Marxismus glauben – nur machtlose Marxisten können sich eine solche Naivität noch erlauben. Ein Machtapparat, welcher die Rechtfertigung seiner selbst ist, braucht nicht an seine Rechtfertigung zu glauben, aber er gestattet niemandem, über den er mächtig ist, an ihr zu zweifeln.

## IV

Als irrationale Lehre betrachtet ist das Christentum, auch das katholische, eine dualistische, der Marxismus eine monistische Religion (ich betrachte den Sozialismus im Gegensatz zum Marxismus als einen Empirismus und wäre froh, wenn er sich klar darüber würde). Das Christentum lebt vom Gegensatz, den es zwischen dem Jenseits und dem Diesseits, dem Schöpfer und der Schöpfung, zwischen Gott und Mensch, ja zwischen Mensch und Mensch und zwischen Mann und Frau setzt. Dieser Gegensatz hat sich durch die Erbsünde verschärft: Schöpfer und Schöpfung, Gott und Mensch, Mensch und Mensch, Mann und Frau, Reiche und Arme stehen im Widerspruch zueinander. Die

Erbsünde selbst ist etwas Unbegreifliches. Wohl demonstriert sich damit die Freiheit des Menschen und damit Gottes Gerechtigkeit, daß er dem Menschen die Wahl ließ, zwischen Gut und Böse zu entscheiden, aber sie erklärt nicht, warum Gott das Böse zuließ, mußte er doch wissen, wie diese Wahl ausfallen würde. Es ist, als ob sich Gottes Eigenschaften widersprächen. Gottes Gerechtigkeit steht seiner Liebe, diese seiner Allwissenheit, diese seiner Barmherzigkeit, und seine Allmacht allen seinen anderen Eigenschaften im Wege. Wenn Gott Mensch wird und als solcher sich von den Menschen kreuzigen läßt, so daß diese Kreuzigung den Menschen erlöst, weil damit Gott die Erbsünde, indem Gott sich vom Menschen strafen läßt, gleichsam sich selber verzeiht, da Gott sie ja zugelassen hat, wird durch diese Selbstbestrafung Gottes – was ist die Kreuzigung eines Gottes anderes – auch der Mensch von der Erbsünde erlöst, aber so, daß der Mensch, wenn er nicht an seine Erlösung glaubt, nun doppelt schuldig wird und damit doppelt böse. Die Erlösung durch das Kreuz potenziert die Möglichkeit zum Bösen: Durch die Erbsünde wurde der unschuldige Mensch schuldig, durch das Kreuz kann der erlöste Mensch schuldig werden: darum das Jüngste Gericht. Der Dualismus Jenseits – Diesseits, Gott – Mensch, erlöster Mensch – gefallener Mensch usw. trieb das Christentum unaufhaltsam in jeweils größere dogmatische Widersprüche, die paradoxerweise seine Stärke ausmachen. An den Widersprüchen seines Glaubens hat es sich immer wieder erneuert: Einerseits erweiterte das Christentum, wollte es Kirche bleiben, notwendigerweise seine Dogmen, und erweitert sie noch heute, andererseits zerstörte und zerstört es sich als Institution immer wieder, um zu seiner Botschaft zurückzustoßen, die nicht eine

Institution errichten, sondern den Einzelnen erlösen will. Nicht die Menschheit, der Mensch soll geändert werden, nicht die Gesellschaft, der Einzelne; damit wird dieser frei, nicht nur jeder Gesellschaftsordnung, auch jeder Kirche gegenüber. Im Christentum liegt Rebellion gegen die Christenheit selber; der Einzelne als Rebell stellt das Christentum wieder her, das die Kirche mit ihren Dogmen zuschüttet. So groß die theologische, deduktive Neigung des Christentums auch ist, dank deren es sich als Macht im Diesseits zu behaupten versucht, seine gegen dieses Diesseits gerichtete rebellische Botschaft, die zwar nicht die Macht will, weil »sein Reich nicht von dieser Welt ist«, aber dennoch fordert »unser täglich Brot gib uns heute«, macht es zum Korrektiv an der Wirklichkeit. »Aus deinen Worten wirst du gerechtfertigt werden, und aus deinen Worten wirst du verdammt werden«: der Mensch ist sein eigener Richter. So ist das Christentum zweideutig: einerseits eine Ideologie, nützlich für die Mächte, für Staaten, Parteien und Gesellschaftsordnungen, andererseits deren Ärgernis; einerseits ein Instrument für die Herrschenden, andererseits eine Waffe für die Beherrschten, sowohl eine Ausrede für die Reichen als auch eine Anklage für die Armen. Diese Zweideutigkeit entstand durch die Zeit. Zuerst war das Christentum überzeugt gewesen, daß sich nur eine kleine Minderheit zu ihm bekennen würde. Es war eschatologisch. Es stand unter der Erwartung des Jüngsten Gerichts. Erst als es der Glaube von Massen wurde, versuchte es sich zu institutionalisieren. In dem Maße jedoch, wie es sich institutionalisierte, in dem Maße nahm seine eschatologische Erwartung ab. Das Christentum begann, sich mit der Gegenwart abzufinden: Es gab sich als Kirche, als göttliche Institution auf Erden aus und schob sich damit zwischen Jenseits und Diesseits, zwischen Gott und Mensch, ja zwischen Mensch und Mensch: Das Christentum paßte sich der Wirklichkeit an. Es wurde zur Ideologie des römischen Kaisers und schließlich, als Rom sich teilte, in Westeuropa, verführt von seiner eigenen Ideologie, zur alleinseligmachenden Kirche: Der Papst trug die kaiserlichen Kleider. Doch weil sich das Christentum auf den Glauben an seine Botschaft gründet, war die Auseinandersetzung nicht nur über den Inhalt dieser Botschaft, sondern auch über das Wesen dessen, von dem diese Botschaft ausging, niemals vermeidbar: Die Kirche war von Anfang an keine Einheit, von Anfang an Kirchen, nicht Kirche. Eine alleinseligmachende Kirche ist ›an sich‹ und ›in sich‹ eine Fiktion, die sich nicht nur in der Wirklichkeit, sondern auch im Christentum nur noch mühselig fortsetzt, aber nicht mehr durchsetzt, trotz Fernsehen und Masseninszenierungen. Das Christentum ist nur noch als Glaube von Einzelnen, nicht mehr als der einer Institution aufweisbar, denn nichts ist unwiderlegbarer als das Subjektive.

V

Ist der Dualismus des Christentums kompliziert genug, ist der marxistische Monismus noch widerspruchsvoller. Je einfacher ein logisches System, als desto widersprüchlicher kann es sich erweisen. Im Christentum spiegelt sich die menschliche Wirklichkeit, ist doch der Mensch ein Widerspruch nicht nur zwischen seiner Rationalität und seiner Irrationalität, sondern auch zwischen seiner Möglichkeit zum Guten und zum Bösen. Das Christentum lebt von diesem Widerspruch, der Marxismus verneint ihn. Der Mensch ist ein Produkt seiner gesellschaftlichen Organisation, in der er lebt. Damit hat es der Marxismus der Wirklichkeit gegenüber schwerer als das Christentum: Als Monismus sollte seine Ideologie nicht im Widerspruch zur Wirklichkeit stehen, sondern eins mit ihr sein. Ist die Einheit mit der Wirklichkeit noch nicht erreicht, so darf es nicht an der Ideologie, sondern muß es an der Wirklichkeit liegen: um so schlimmer für die Tatsachen. Der Marxismus muß sich deshalb einer Wirklichkeit anpassen, die sich ständig verändert, entweder befindet er sich ihr gegenüber in einer permanenten Revolution, wenn er noch nicht an der Macht ist, oder, ist er an der Macht, revoltiert die Wirklichkeit permanent gegen ihn; er hat dann alle Hände voll zu tun, daß sich nichts ändert. Zwar konstruiert auch der Marxismus einen Dualismus: Natur – Mensch, aber dieser Dualismus ist vorübergehend, natürlich und erklärbar: Die Gesellschaft entwickelt sich durch das ihr innewohnende Gesetz aus einer These in eine Antithese, bis sie in der Synthese wieder zu einer Einheit gelangt. Aus einer klassenlosen Gesellschaft wird eine Klassengesellschaft, durch den Klassenkampf entsteht eine neue höhere klassenlose Gesellschaft, die es nicht mehr nötig hat, in verschiedene Klassen zu zerfallen. Der Grund, weshalb die natürliche ursprüngliche Gesellschaft in verschiedene Klassen zerfiel, ist die Entwicklung des menschlichen Geistes, der besonders durch die Industrialisierung den Menschen von seiner Arbeit entfremdet: der Mensch wird ausgebeutet, seine Arbeit wird zur Ware, die der Kapitalist teurer verkauft als einkauft. Der determinierte Dualismus zwischen den beiden Klassen, der ausbeutenden und der ausgebeuteten, zwischen Bourgeoisie und Proletariat, endet durch die

Diktatur des Proletariats in einer klassenlosen Gesellschaft, die keinen weiteren Dualismus benötigt: die Geschichte als Prozeß wird nicht mehr notwendig. Daß ich damit einen Steinzeit-Kommunismus beschreibe, ist mir bewußt. Da ich weder Marxist noch Hegelianer bin, sehe ich keinen Grund, die Angelegenheit stilistisch so kompliziert darzustellen, wie es die Marxisten und Neo-Marxisten tun. Bitter wird diese Heilserwartung erst in bezug auf die Wirklichkeit; in bezug auf das Stilistische bleibt sie im Deutschen eine Literatur, die man oft ins Deutsche übersetzen möchte: leider ist sie eine politische Ideologie, die nur ›in sich‹ stimmt und die, obgleich sie den Anspruch erhebt, eine Wissenschaft zu sein, sich hartnäckig sträubt, sich wissenschaftlich beurteilen zu lassen. Edward O. Wilson in *Biologie als Schicksal:* »Der stärkste Widerstand gegen die wissenschaftliche Erforschung der menschlichen Natur ist von einer kleinen Zahl marxistischer Biologen und Anthropologen ausgegangen, die an der Ansicht festhalten, das menschliche Verhalten entspringe einigen wenigen unstrukturierten Trieben. Sie glauben, der noch unausgebildete menschliche Geist enthalte nichts, was sich nicht ohne weiteres für die Zwecke des revolutionären sozialistischen Staates kanalisieren ließe. Als man ihnen Beweise dafür vorhielt, daß der menschliche Geist doch stärker vorstrukturiert ist, bestand ihre Reaktion darin, die weitere wissenschaftliche Erforschung der menschlichen Natur für unzulässig zu erklären. Einige sonst sehr fähige Wissenschaftler haben sich zu der Ansicht verstiegen, es sei gefährlich, über das Thema auch nur zu reden – gefährlich zumindest für ihre Vorstellung von Fortschritt.« Man hat auch wissenschaftlich Marxist zu sein. Wenn Ptolemäer Ptolemäer beurteilen, dreht sich nach ihnen noch heute die Sonne um die Erde. Behandeln wir den Marxismus denn weiterhin als eine Religion, obgleich er eine Eigenschaft besitzt, die sonst keine Religion aufweist: er kann widerlegt werden. Gott kann nicht widerlegt, nur nicht bewiesen werden. Darum kann man nur an ihn glauben. An den Marxismus muß man glauben, auch wenn man nicht kann. Er zielt auf eine Veränderung der Gesellschaft hin, nicht der Seelen. Die Gesellschaft kann nur durch die Abschaffung der privaten Produktionsmittel geändert werden. Will das Christentum bekehren, will der Marxismus herrschen; nicht die Einheit dessen, woran man glauben sollte, sondern die Einheit dessen, was man wollen muß, stellt das Dogma der marxistischen Kirche dar. Da nach diesem nur das Proletariat das Richtige wollen kann, nämlich die Beseitigung der Bourgeoisie durch die Abschaffung der privaten Produktionsmittel, ist die marxistische Kirche identisch mit dem Proletariat, es gibt zwischen ihr und dem Proletariat keine Instanz, die Kirche stürzt monistisch durch den Sog ihrer eigenen Ideologie nach innen, auf einen Mann zu, den einst Stalin, ideologisch gesehen, ideal verkörperte: unter diesem Papst waren der Glaube an die Kirche, die er verkörperte, und auch die Opfer, die sie forderte, am größten. Daß ich Lenin nicht erwähne, geschieht mit Absicht. Lenin war ein großer ideologischer Taktiker, der die Weichen der Partei stellte; der Stalinismus wurde durch ihn möglich, seine Zweifel an Stalins Charakter sind unerheblich. Die Entwicklung der marxistischen Kirche erscheint so wie eine Transposition der Entwicklung der katholischen Kirche ins rein Diesseitige. Beide Prozesse sind irrational und rational zugleich; irrational sind ihre Wurzeln, rational deduktiv ihre Methoden. Wie bei der katholischen Kirche ist auch die Ideologie der marxistischen Kirche mit der Berechtigung ihrer selbst und damit mit ihrer Macht identisch. Aber weil dem Marxismus die transzendente Komponente eines Jenseits fehlt, die der katholischen Kirche ihren Sinn gibt und die sie hindert, eins mit der Wirklichkeit zu werden, wird der Marxismus, als Ideologie einer Macht und mit ihr identisch, unwahrscheinlich: Er gerät in einen Gegensatz zur Wirklichkeit, den er leugnen muß: er wird zur permanenten Lüge. Sein Monismus freilich befähigte ihn durch die absolute Kontrolle im Namen der Diktatur des Proletariats über alle, also auch über das Proletariat, dank einer einmaligen geschichtlichen Situation, eines zu erreichen, das der katholischen Kirche nie gelang: die Errichtung des in sich geschlossensten und daher auch unwahrscheinlichsten Imperiums, das die Geschichte je sah – die römischen Kaiser verkörperten wenigstens nur den Sonnengott und nicht Jupiter, Stalin verkörperte gleich das Weltgesetz. Daß er sterblich war, hat das Sowjetimperium noch nicht überwunden. Jenseits seiner Einflußbereiche zerfällt seine Religion in Sekten, es selber sucht einen neuen Stalin, und inzwischen eliminiert es jene, die schon jetzt nicht an ihn glauben: die Dissidenten. Notgedrungen. Sie sind der ablesbare Pegelstand der sowjetischen Absurdität, den es zu entfernen gilt. Nicht ohne Erfolg. Denn an eine Reform dieses Imperiums glaube ich nicht. Das Unglaubwürdige ist nicht reformierbar. Sein größter Feind ist es selber: seine Unglaubwürdigkeit. Leider steht dieser unglaubwürdigen Supermacht heute eine zweite, ebenso unglaubwürdige gegenüber, unglaubwürdig jedoch in ganz anderer Weise: die USA.

## VI

Jede Revolution ist eine Neubegründung des Staates. Ist sie dies nicht, ist sie nur ein Putsch. Die Französische Revolution geschah unter der Devise »Freiheit, Gleichheit, Brüderlichkeit«, eine Formel, die, so abgenutzt sie scheint, wert ist, überdacht zu werden. Die Freiheit ist etwas Grenzenloses, sie muß immer wieder begrenzt werden. In der Formel wird die Freiheit durch die Gleichheit vor dem Gesetz beschränkt. Sie könnte ebensogut ›Freiheit, Gerechtigkeit und Brüderlichkeit‹ heißen. Die Gerechtigkeit widersetzt sich der Freiheit, aber nicht genügend: auch völlig legal vermag die Staatsmacht im Namen der Gerechtigkeit ungleich mächtiger zu sein als der Einzelne, der Reiche mächtiger als der Arme usw. Dieses Ungenügen soll durch einen Begriff aufgehoben werden, der nicht rational zu fassen ist: durch die Brüderlichkeit, durch die Liebe des Menschen zum Menschen. Brüderlichkeit ist ein emotioneller Begriff, der, gerade weil er nicht genau zu bestimmen ist, Wärme in die kalte Formel bringt. Gleichzeitig schafft er den Spielraum für die Politik: Dem einen geht es mehr um möglichst viel Freiheit, dem anderen um möglichst viel Gerechtigkeit. Dank dieser Formel ist die Einteilung in rechts und links sinnvoll: der Rechten geht es um mehr Freiheit, der Linken um mehr Gleichheit, die politisch Gerechtigkeit bedeutet. Doch läßt sich die Gerechtigkeit nicht unbegrenzt steigern. Sie muß, wie die Freiheit, begrenzt werden. Wird die Grenze mißachtet, schlägt jene in Diktatur, diese in Willkür um. Die Freiheit und die Gerechtigkeit befinden sich dank des elastischen Spielraums der Brüderlichkeit zwischen ihnen in einem mehr oder weniger stabilen Gleichgewicht. Eine Parole »Freiheit statt Sozialismus« ist ebenso töricht, wie eine wäre, die ›Sozialismus statt Freiheit‹ hieße. Leider Gottes ist die erstere im Westen schon gefallen, und nach der zweiten wird im Osten schon gehandelt. Die Russische Revolution könnte man unter die Devise stellen ›Freiheit und Gerechtigkeit‹: Sie vereint in dieser Formel zwei Ideen, die sich ohne Spielraum zwischen ihnen ausschließen. Staaten sind mit Sonnen vergleichbar. Sonnen sind kugelförmige Ansammlungen von Gasmassen. Die Freiheit verhält sich wie das Gas, aus dem die Sonnen bestehen: Ein Gas will sich unbegrenzt ausdehnen. Durch die Schwerkraft seiner Masse wird es bei den Sonnen zu einer Kugel geformt. Die Schwerkraft stellt die Gerechtigkeit dar. Läßt die Schwerkraft nach, verflüchtigt sich das Gas; nimmt die Schwerkraft zu, verdichtet sich das Gas; der steigende Druck erhöht die Gefahr der Explosion. Hat die Brüderlichkeit die Aufgabe, den idealen Spielraum für die Freiheit zu finden und gleichzeitig die Gerechtigkeit im Erträglichen zu halten, so wäre in unserem Gleichnis die Brüderlichkeit das Gleichgewicht, welches zwischen Schwerkraft und Gasdruck herrschen muß, damit eine Sonne stabil bleibt, wie das z. B. bei unserer Sonne noch der Fall ist. Einen Staat vermögen wir insofern mit einer Sonne zu vergleichen, als bei dieser die Schwerkraft in dem Maße zunehmen muß, wie die Zahl der einzelnen Gasatome zunimmt: Je größer der Staat, um so größere Gerechtigkeit benötigt er, um so wichtiger ist die Gleichheit aller vor dem Gesetz. Fehlt jedoch das regulierende Prinzip der Brüderlichkeit, tritt der Zweikampf zwischen der Freiheit und der Gerechtigkeit ein. Beide versuchen, sich mit allen Mitteln durchzusetzen: Die Freiheit sucht die Gerechtigkeit, die Gerechtigkeit die Freiheit zu vernichten. Bei einer Revolution, bei der sich die Freiheit durchsetzt, funktioniert sich diese um, wird nun selber zur Gerechtigkeit und stürzt, da sie den Staat zerstört hat, in sich zusammen. Zuerst wird die Freiheit des Einzelnen vernichtet und dann die Gerechtigkeit. In ihrem Namen herrschen wenige über fast alle, schließlich herrscht über diese wenigen einer, und dieser damit über alle. Es gibt in der Politik nichts Entsetzlicheres als reine Begriffe. Auf die Russische Revolution übertragen: Es war eine Revolution von einigen Intellektuellen, die vorgaben, im Namen eines Proletariats zu handeln, das es kaum gab. Sie setzte ein, als die alte Institution, das Zarenreich, infolge seiner äußeren Niederlage zusammenbrach. Wir können das bei den Sonnen beobachten. Gibt die Schwerkraft nach, kommt es zu einer Nova: Ein kleiner Teil des Sterngases setzt sich frei, die Sonne leuchtet gewaltig auf. Bei der Sowjetunion: der Staatsapparat, der ein gewisses, wenn auch extrem labiles Gleichgewicht zwischen Freiheit und Gerechtigkeit garantierte, gab nach, und ein Gasgemisch von verschiedenen Ideen wurde freigesetzt, bis sich mit den Bolschewiken jene chemische Verbindung durchsetzte, die gleichzeitig die größtmögliche Freiheit und die größtmögliche Gleichheit versprach. Das konnte sie nur, indem sie den Spielraum zwischen ihnen, die irrationale ›Brüderlichkeit‹, fallenließ, und das vermochte sie um so mehr, als sie eine Revolution von Intellektuellen war, mit allen Vorurteilen gegen das Irrationale behaftet, dem sie den Aufstieg des Bürgertums durch die Französische Revolution zuschrieben, das es zu vernichten galt; gerade darum vermochte sie das Irrationalste zu entfesseln: die Hoffnung. Wie bei einer Sonne, die einen Novaausbruch durchmachte, die Schwerkraft wieder zunimmt, weil durch die Explosion, die ja nur einen kleinen

Teil der Sonnenmaterie in den Weltraum schleudert, der Gasdruck sinkt, so entstand in der Sowjetunion gleichsam verdoppelte Schwerkraft, eine mit der Zeit ungleich stärkere als vorher; der Druck nach innen nahm zu, machte auch vor den revolutionären intellektuellen Elementen nicht halt, die das neue Gebilde geschaffen hatten, zertrümmerte sie, um als Diktatur eines Einzelnen zu erstarren. Nach dessen Tod nahm der Druck auf den Einzelnen in der Entstalinisierungsphase etwas ab, um dann erneut zuzunehmen. Die Sowjetunion gleicht immer mehr einer überschweren Sonne, die mühsam dagegen ankämpft, unstabil zu werden. Es ist schwer, über Vorgänge im Innern von Sonnen etwas auszusagen; wir sind auf Hypothesen angewiesen. Aber wir sind imstande zu beobachten, was sich mit Sonnen ereignen kann, wir nehmen die Explosionen ganzer Sonnen wahr, wir stellen die in sich zusammengestürzten Überreste solcher Explosionen fest: Alles deutet darauf hin, daß die Sowjetunion sich der Grenze der Stabilität nähert. Ihre Ideologie, die sie für identisch mit ihrer Schwerkraft erklärt, ist darum unantastbar geworden; sie darf nicht bezweifelt, aber muß auch nicht geglaubt, sie muß nur hingenommen werden. Wer sie in Frage stellt, wird entweder für verrückt erklärt und wird in den Irrenhäusern abgekapselt oder ins Ausland abgeschoben. Indizien dafür, daß die Sowjetunion nichts so sehr fürchtet wie Veränderungen in ihrem Innern. Von diesen Vorgängen hängt die Stabilität einer Sonne ab; es sei denn, es handle sich um ein Doppelsternsystem, dann kommt es auf den Zustand des Partners an: Die USA bieten das Bild einer jungen überheißen Sonne dar, deren Schwerkraft zu schwach und deren Gasdruck zu ungestüm ist: Sie befand sich nie im Gleichgewicht, sie verbrennt allzu schnell, wenn es ihr nicht gelingt, einen stabilen Zustand zu erreichen. Wir kennen Sonnen solcher Art, die erst eine Million Jahre alt sind – das Alter der Erde wird auf fünf Milliarden Jahre geschätzt, das unserer Sonne auf sechs Milliarden. Beide Sonnen dieses Doppelsternsystems, Sowjetunion–USA, sind gleich gefährdet und gleich gefährlich, und wir sind die Satelliten beider, ob wir wollen oder nicht, das Gesetz der Schwerkraft läßt uns um beide Sonnen kreisen. Wird die eine unstabil oder findet die andere keine Stabilität, ist eine Prognose, ob dann noch Leben möglich ist, nicht mehr zu stellen; um so weniger als wir nicht nur mit diesen zwei Sonnen rechnen müssen. Wir werden – um im astronomischen Gleichnis zu bleiben – in einem komplizierten Mehrfachsternsystem herumgezirkelt, in welchem sich weit mehr unstabile als stabile Sonnen vorfinden – gibt es doch Sonnen, die an sich unstabil sind: das Deutschland Adolf Hitlers war eine solche.

Anmerkung: Die Frage bleibt, ob wir, die wir als Kleinstaat zwischen mehr oder weniger stabilen Sternen herumkreisen, selber ein stabiler Planet sind? Es gibt Anzeichen, die darauf hindeuten, daß sich auch in unserem Planeteninnern etwas regt. Eine Institution hat zu funktionieren. Je komplizierter das Gebilde ist, dessen Funktionieren durch die Institution garantiert werden soll, desto komplexer wird die Institution, sie wird ein immer undurchsichtigeres Eigengebilde von Funktionären. Nun zwingt die Kompliziertheit der heutigen Gesellschaft mit ihren mannigfaltigen, sich widersprechenden Sonderinteressen den Staat immer mehr, zur Institution zu werden. An eine Institution jedoch glaubt man nicht, sie kann nicht personifiziert werden wie einst das Vaterland. Man verlangt von einer Institution vor allem, daß sie funktioniert. Je komplexer jedoch die Institution, desto schwerfälliger ihr Funktionieren, was wiederum die Anforderungen an sie steigert. Der Staat, zur reinen Institution geworden, gerät in einen Teufelskreis; darum etwa die rebellische Jugend, sie revoltiert gegen eine Institution, die für sie nur noch aus Verboten besteht, so als ob eine Straße vor lauter Verkehrstafeln weder befahrbar noch begehbar wäre; darum der verzweifelte Versuch der Politiker, den Sinn der Institution gleichsam aus der Institution wieder herauszugraben: daß sie die Straße für alle fahrbar und begehbar machen solle. Die Institution steht der Jugend, und die Jugend steht der Institution, und vor allem steht die Institution sich selber im Weg: Der Staat, einst mit dem Vaterland identisch, kapselt sich als Institution von denen ab, für die er doch da sein sollte, für die es nur noch einen Ausweg gibt: außerhalb der Institution eine neue Heimat zu finden. Darum darf keine Institution total sein: Der Raum, den die Brüderlichkeit einst forderte, muß erhalten bleiben. Er ist der Raum der Heimat, ohne den der Mensch nicht auskommt. Denn der Hang, alles gesetzlich zu erfassen und damit zu institutionalisieren, führt zum totalen Staat, auch wenn auf dem Firmenschild ›Demokratie‹ gepinselt ist. Auf die Kirche bezogen: Je mehr sie sich institutionalisiert, desto weniger wird sie die Kirche der Gläubigen. Die wirkliche Kirche ereignet sich im Unmittelbaren. Sie entsteht außerhalb der Kirche, verschwindet und entsteht wieder. Diesem Gesetz entgeht aber auch die marxistische Kirche nicht. Sie ist wie keine andere eine tote Kirche: Sie braucht keine Gläubigen mehr, sie braucht nur noch Funktionäre. Mit ihr hat sich ein Traum verwirklicht, der in jeder Institution schlummert. Darin liegt die Faszination begründet, die sie ausübt, ihre Gefahr und ihre Schwäche. Die totale Institution lebt in permanenter Furcht, sie könne plötzlich nicht mehr funktionieren.

## VII

Wie die katholische Kirche dank des römischen Imperiums und die östliche orthodoxe Kirche aufgrund des byzantinischen Kaisertums entstand, so verwirklichte sich der Marxismus dank des zaristischen Imperiums, das viele anachronistische Züge aufwies, die jetzt noch in der Sowjetunion nachwirken. Der industrialisierte Westen bot dem Marxismus keine günstigen Vorbedingungen, hier vermochte er nur Parteien zu gründen, denen der Elan zur Revolution fehlt: aus Furcht, zur Macht zu kommen. Sogar im nichtrussischen Osteuropa kam der Marxismus nicht durch eine Revolution, sondern durch die russische Besetzung dieser Länder an die Macht und kann nur durch die Russen an der Macht bleiben. Wo der Marxismus ohne die Russen an die Macht kam, entwickelte sich schnell ein antisowjetischer Marxismus: in Jugoslawien, dann in China. Ob dessen Marxismus noch ein Marxismus genannt werden kann, ist fraglich. Den Chinesen gegenüber ist die Sowjetunion kulturell ein Entwicklungsland, nicht nur sie. Wo der Marxismus außerhalb der Sowjetunion noch mit ihr verbündet ist, so durch besondere Konstellationen: in Vietnam – für das wir protestiert haben und gegen das jetzt niemand protestiert – dank des russisch-chinesischen Konflikts, von Kambodscha ganz zu schweigen, und in Kuba dank der törichten Haltung der USA dieser Insel gegenüber. Nordkorea blieb marxistisch durch den Konflikt China–USA und laviert jetzt zwischen China und der Sowjetunion. Albanien als Nachbarland Jugoslawiens ist ein gespenstisches Relikt aus der Stalinzeit.

Was den Islam betrifft, so war seine kulturelle Leistung nur möglich, weil er in die byzantinische und persische Hochkultur eindrang. Seine Dogmatik projizierte die Philosophie des Aristoteles in den Koran und in die Sunna: das islamische Denken ist aus der Antike hervorgegangen, wie das der Juden und Christen. Nun stellt sich uns aber die Frage, ob der Islam ebenso wie der Marxismus zu einer Revolution fähig sei. In *Zusammenhänge** wurde die These vertreten, der Islam stehe seiner Natur nach dem Marxismus feindlich gegenüber. Inzwischen haben sich zwei geschichtliche Ereignisse zugetragen: die iranische Revolution und der Einmarsch der Russen in Afghanistan. Beide Ereignisse gehören zusammen. Die iranische Revolution scheint auf den ersten Blick eine echte Revolution zu sein, weil sie eine Neubegründung des Staates ist. Das Schah-Regime versuchte, sich geschichtlich zu begründen: es sah seine Anfänge bei Kyros, der Schah sich selber als aufgeklärten Sonnenkönig auf dem Pfauenthron. Die Revolution gegen ihn im Namen des Islam durch Khomeini fällt durch ihre Widersprüchlichkeit auf. Vieles läßt sich nur vermuten. Zuerst versuchten die vom Schah unterdrückten Massen mit Hilfe Khomeinis einen Staat zu gründen, der offenbar eine Synthese zwischen Islam und einem von den Palästinensern inspirierten Marxismus bilden sollte; darum die Reise Arafats zu Khomeini, dann die Radikalisierung des Islam durch Khomeini, darauf die Geiselnahme durch wahrscheinlich ›marxistische‹ Studen-

* S. 59f.

ten. Nur durch diese taktische Maßnahme konnte möglicherweise der offene Konflikt zwischen Khomeini und den ›Marxisten‹ vermieden werden. Spekulation, zugegeben. Die Feinde beider sind die USA. Nichts war ungeschickter als der amerikanische Versuch, die Geiseln zu befreien. Er machte die Geiselnehmer erneut zu Volkshelden, denn ihre einzige Waffe ist ihre Popularität. Khomeini geht schon längst mit allen Mitteln gegen die ›Marxisten‹ vor. Die Illusion, Islam und Marxismus ließen sich vereinen, ist palästinensisches Wunschdenken, um so mehr als es sich bei Khomeini um einen Schiitenführer handelt. Der Islam ist noch weit ausgeprägter dualistisch als das Christentum. Er ist eine der einfachsten Religionen, der die Hingabe an Gott lehrt, der dem Menschen nicht einmal die Willensfreiheit läßt. Entscheidend ist für den Islam das Bekenntnis zu Allah und seinem Propheten Mohammed. Was er nicht tolerieren darf, sind die ›Götzenanbeter‹ und der Atheismus; Juden und Christen waren auf seinem Gebiet als ›Schriftbesitzer‹ tributpflichtig. In den Islam ist der Marxismus nicht integrierbar. Die Ansicht von Marxisten, der Islam sei als Religion eine private Angelegenheit jedes einzelnen und stehe in seiner Soziallehre nicht im Widerspruch zum Marxismus, ist eine naive Idealisierung beider Glaubensrichtungen – damit stände der Marxismus zu keiner Religion im Gegensatz – und verkennt den Islam: sein Diesseits liegt im Jenseits begründet. Er ist daher für den Gläubigen die Wahrheit und das Gesetz an sich. Wenn die Bewunderer des Islam von diesem behaupten, er kenne den Konflikt Religion–Staat nicht, weil er zugleich religiös und politisch sei, so liegt darin seine Stärke in der Vergangenheit und seine Schwäche, aber auch seine Gefährlichkeit, in der Gegenwart. Er ist noch irrationaler als der

Marxismus. Er war gleichsam die idealste Ideologie des Mittelalters, im Gegensatz zum Christentum – der byzantinische Cäsaropapismus ausgenommen – stand er nie im Konflikt mit einem Kaiser. Der Islam anerkennt nur den religiösen Staat, dessen Gesetzbuch der Koran und die Sunna, ›die heilige Gewohnheit‹, ist. Will heute der Islam religiös und politisch zugleich sein, muß er daher eine Wirklichkeit vergewaltigen, die von Aladins Wunderlampe lebt: vom Öl, ohne daß er sich dieser Wirklichkeit anzupassen vermag; er nutzt sie nur aus. Darum sind denn auch die Resultate so grotesk. Nicht zufällig ist Saudi-Arabien durch die Sekte der Wahhabiten entstanden, durch eine besonders puritanische Form des Islam; anachronistischer war denn kaum je ein Regime, als es heute jenes der Saudis darstellt. Gaddaffi ist ein islamischer Faschistenführer, versucht man, ihn mit westlichen Begriffen zu definieren. Khomeini ist nur aus dem persischen Schiitentum zu erklären, der ›Imamiya‹ oder ›Zwölfergruppe‹, die seit 1572 die persische Staatsreligion ist. Im Gegensatz zu den Sunniten, die jeden Kalifen, aber auch die türkischen Sultane als rechtmäßige Nachfolger Mohammeds anerkannten, sehen die iranischen Schiiten diese Nachfolger nur in zwölf Imamen vertreten, von denen der letzte 878 verschwunden sei und seitdem in der Verborgenheit lebe, um als Mahdi einst wiederzukommen. Die Mullahs berufen sich auf diesen verborgenen rechtmäßigen Imam, und da die Schiiten auch die Sunna ablehnen, ist der Koran das Buch, aus dem sie alles ableiten: Die für uns unheimliche Wirkung Khomeinis liegt darin, daß er hinter sich Massen weiß, die nichts als ihren Glauben haben und deren Glaube den Schah stürzte. Für diese Massen siegte Khomeini, nicht die Intellektuellen, zu denen auch die Marxisten zählten.

Khomeinis Revolution ist eine schiitische Restauration und vergleichbar im Christentum mit dem Aufstand der Wiedertäufer in Münster in Westfalen 1534/35, und noch widersprüchlicher als das Kaiserreich Resa Pahlewis. Suchte dieser sein Land in das 20. Jahrhundert zu stoßen unter einer Staatsform des europäischen 18. Jahrhunderts – wobei er wenigstens wider Willen eine Aufklärung der Intellektuellen und damit eine Opposition gegen sich selber herbeiführte –, versuchte Khomeini, das 20. Jahrhundert dem 7. Jahrhundert anzupassen. Daß aber gerade in der irrationalen Identität zwischen religiösem und politischem Denken im Islam ein gefährlicher Sprengstoff liegt, zeigt Afghanistan, in welchem die Wahhabiten ebenfalls eine Rolle spielen. Der Einmarsch der Sowjetunion in dieses Gebiet ist aus ihrem Wesen determiniert. Die Sowjetunion hat ihr Imperium nicht erobert, sondern vom zaristischen Rußland übernommen: Rußland ist nicht nur im Kampf gegen den Westen, gegen den Deutschritterorden, gegen Polen, Litauen, Schweden usw., sondern auch gegen den Osten, gegen die mongolische Goldene Horde, gegen die innerasiatischen Völker und gegen die Türken entstanden, das heißt im Kampf gegen den Islam; hatten doch auch die Mongolen in Rußland diesen Glauben angenommen. Rußland entstand durch die Ausdehnung des russischen Zentralstaates nach allen Seiten auf dem eurasischen Kontinent, eine Entwicklung, die erst im 19. Jahrhundert abgeschlossen wurde: Taschkent wurde 1865 erobert, Samarkand 1868, und der Emir von Buchara, der Stadt des großen Philosophen Avicenna (Ibn Sina), aus dem 10. Jahrhundert, wurde 1920 gestürzt. Der Sowjetunion mit ihrer monistischen Ideologie ist der Islam um so unerträglicher, weil er eine Eigenschaft besitzt, die er mit gewissen Viren teilt: er vermag plötzlich aus völliger Passivität in extreme Aktivität umzuschlagen. Afghanistan war als eine ›Volksrepublik‹ schon im sowjetrussischen Einflußbereich – was weder den Westen noch die USA störte –, aber als Volksrepublik von der Bevölkerung abgelehnt und bekämpft. Es stellt zwar eines der ärmsten Völker der Welt dar, aber Armut läßt sich nicht messen, eine Religion vermag jede Armut in Reichtum zu verwandeln. Erst als im Iran die islamische ›Revolution‹ einsetzte, nahm die Sowjetunion den afghanischen Bürgerkrieg ernst und griff ein, wobei sie ideologisch nicht zugeben durfte, daß es sich um einen Religionskrieg handelt: um einen Krieg im Namen Allahs gegen eine ›atheistische‹ Regierung. Die Sowjetunion konnte als Gefangene ihrer eigenen Ideologie nicht anders vorgehen, zählt sie doch allein 50 Millionen Mohammedaner, ihre Grenzen gegen Afghanistan und gegen den Iran sind mohammedanisch. Der explosiv gewordene Islam außerhalb der Grenzen ist für eine monistisch-marxistische Institution, wie sie die Sowjetunion darstellt, ein innenpolitisches Problem, das es wie ihre anderen Probleme ideologisch nicht geben darf. Sie mußte daher immer wieder Feinde erfinden und erfand auch im Falle Afghanistans wieder einen – wozu ihr die unkontrollierbaren Grenzen dieses Landes entgegenkamen: Dessen Regierung sei von außen bedroht, und die Sowjetregierung müsse der befreundeten Regierung zu Hilfe eilen. Ein Märchen, das vor allem seit dem Tode Stalins gern benutzt wird. Dieser hatte seine Feinde noch im Innern des Landes erfunden; den einzigen Feind, der ihn heimsuchte, Hitler, hatte sich der Georgier ausgerechnet als Freund erdichtet. Vom Schock, den die Sowjetunion durch Stalins Tod erlitt, vermochte sie sich nur allmählich zu erholen. Zuerst wurde aus Stalin selber ein Feind konstruiert, man griff auf Lenin zurück, obwohl Stalin nur die logische Fortsetzung Lenins war, aber die Sowjetregierung mußte zu einer Art Gentlemen's Agreement unter sich kommen, einander nur noch zu stürzen, aber nicht mehr zu vernichten – nur noch Berija wurde liquidiert, Chruschtschow schon pensioniert; Sowjetpolitiker leben seit Stalin ungefährlicher. Aber ideologisch wurde das Regime wieder stalinistisch: Es führte einen marxistisch-leninistischen Gedankenstopp ein und begann – auch wenn innenpolitisch die Feindsuche wieder zunimmt –, seine Feinde immer mehr außerhalb seiner eigenen Grenzen zu erfinden und, indem es sie erfand, auch zu schaffen: DDR, Ungarn, Tschechoslowakei (bald vielleicht Polen). Hätte es in diesen Ländern einen reformistischen Marxismus zugelassen, der sie unaufhaltsam einer sozial-demokratischen Staatsform entgegengeführt hätte, wären die Folgen für die Sowjetunion verheerend gewesen. Außerdem erfüllten die militärischen Operationen der Sowjetunion noch eine andere Aufgabe: Die marxistische Ideologie ist in Rußland längst ein Opium für das Volk geworden, das nicht mehr wirkt. Es ersetzt zwar die Religion, aber nur unvollkommen, denn es stellt eine Religion aus der Kühltruhe eingefrorener Gedanken dar. Das Volk sehnt sich mehr und mehr nach einer warmen Religion, was wiederum die Partei verführt, jenen Religionsersatz anzuheizen, der seit jeher die Massen erwärmt: den Patriotismus. Ohne diesen hätte die Sowjetunion den Zweiten Weltkrieg nicht überstanden. Die Sowjetunion benötigt Feinde: innenpolitisch die Dissidenten als Verräter und außenpolitisch die Imperialisten als Kriegshetzer. Damit kommt sie mit sich selber in Konflikt. Sie braucht wirtschaftlich die Entspannung und außenpolitisch den kalten Krieg. Daß sich in den USA die gleichen Merkmale zeigen, ist um so schlimmer. Eine Freiheit, so oft ad absurdum geführt, wird zur unglaubwürdigen Ideologie, und am Ende muß immer wieder die irrationale Notbremse des Patriotismus gezogen werden. So im Falle Afghanistans. Was geschah, war Hysterie. Nur ein Zeichen unserer Unordnung, unserer Irrationalität. Der Fall Afghanistan bedroht die Sowjetunion mehr als uns. Ihr gegenüber ist nur eine zynische Haltung möglich. Wir vermögen sie nicht zu ändern, aber wir brauchen ihr ihre Ausreden nicht mehr abzunehmen. Wir müssen es uns leisten, von der Sowjetunion erpreßt zu werden, und die Sowjetunion kann es sich nicht leisten, uns nicht zu erpressen. Die Lage ist fatal, aber so grotesk, daß sie nicht ganz hoffnungslos wird. Das wird sie nur, wenn wir ideologisch werden. Es genügt, wenn es die Sowjetunion ist; werden wir es auch noch, sterben wir alle den Heldentod.

### VIII

Dies alles gilt es in Betracht zu ziehen, wenn wir an Israel denken. Es entstand aus einem Naturrecht und schuf ein zweites Naturrecht, das der Palästinenser. Der Fall ist um so schwieriger, als sich die beiden Völker auseinander statt ›ineinander‹ entwickelten. Ein Geschehen, bei welchem die Juden die Schuld bei den Arabern sehen, griffen diese doch an, kaum war der Staat gegründet, wenn sich auch der Verdacht nicht ganz unterdrücken läßt, die UNO hätte den jüdischen Staat nur zugelassen, weil sie überzeugt war, er würde von den arabischen Staaten ohnehin vernichtet werden. Durch den Sieg 1948 gewann Israel die Sympathie des Westens, mehr noch: es war von der westlichen Welt aus gesehen im Recht. Dazu kam noch, vielleicht entscheidender, daß es den rationalen Vorposten im ständig irrationaler werdenden Nahen Osten darstellte: Israels Sieg 1967 löste denn auch im Westen eine Israel-Begeisterung ohnegleichen aus, um so mehr als inzwischen die Araber die Sowjetunion als Verbündete gewonnen hatten. Ich hielt mich damals in Warschau auf. Die Freude der Polen über den Sieg Israels war allgemein, die Schadenfreude unverkennbar: mit den Arabern war die Sowjetunion besiegt worden. Doch erwies sich wie die meisten Siege jener von 1967 als verhängnisvoll, und zwar für Sieger und Besiegte, durch das Anwachsen des dogmatisch-irrationalen Faktors auf beiden Seiten: Für die Israeli wurde ihre bisherige Unbesiegbarkeit ein Dogma, das erst der Jom-Kippur-Krieg 1973 zu erschüttern vermochte, auch wenn sie noch einmal siegten. Für die Palästinenser wurde ihre Neigung zum Marxismus zum Verhängnis; zwar verhalf er international zu einer immer größeren Anerkennung, doch wurde der Islam ihnen gegenüber mißtrauisch. Sind sie doch vielleicht die einzigen Araber, welche die ›Aufklärung‹ in sich integrierten: auch der Marxismus wird bei ihnen nur eine Episode sein. Sie haben ihn von den Israeli übernommen und abgeändert, sie unterwühlen gleichsam den Islam. Im Libanesischen Krieg wurde es jedoch deutlich: Die Angriffe der Syrer auf palästinensische Lager zeigten, daß jene vor allem ein Groß-Syrien wollen. Die Entwicklung im Iran und in Libyen läßt vermuten, daß einmal der Konflikt zwischen dem Islam und dem ›Marxismus‹ zuerst einmal auf Kosten der Palästinenser ausgetragen werden wird. Der virulent gewordene Islam hat der arabischen

Welt eine unberechenbare Komponente hinzugefügt. Die Überreste westlicher liberaler Strukturen, auf welche die USA nach dem Sturze des Schahs im Iran noch setzten, wurden weggefegt. Auch die westlich konzipierte Staatsschöpfung Kemal Atatürks wird mehr und mehr in Frage gestellt. Sadat kann jederzeit stürzen. Die Besetzung Mekkas, durch Wahhabiten offenbar, denen ihr eigenes Königshaus allzu westlich vorkam, durch palästinensische Marxisten vielleicht, ist ein weiteres Zeichen, daß die Welt des Islam unstabil geworden ist. Indem sie revoltiert, explodiert sie. Wer eine Renaissance des Islam erwartet, kann ebensogut eine Renaissance der Gotik erwarten. Darum wird es auch keine jüdische Renaissance geben: Der Tempel Salomos wird nicht mehr aufgebaut. Schon der Tempel, den Herodes wieder aufbaute, war nicht ein jüdischer, sondern ein römisch-hellenistischer Prunkbau. Israel hat andere Aufgaben. Der arabischen Welt gegenüber und von ihr umgeben, darf es sich einen Begin nicht leisten: mit einem ehemaligen Terroristen legalisiert es Arafat. Mehr noch: indem Begin den jüdischen Staat zu etwas religiös Begründetem machen will, stürzt er ihn in den unkontrollierbaren Strudel des Irrationalen. Israel, aus einem Naturrecht heraus entstanden, ist, einmal ein Staat geworden, verpflichtet, ein moderner Staat zu sein und als moderner Staat zu funktionieren: als Mittelpunkt der jüdisch-arabischen Aufklärung. Auch wenn gerade dieser moderne, rein institutionelle Staat überall gegenüber den Irrationalismen und den Ideologien zu versagen droht. Der Staat Israel ist mit dem Lande der jüdischen Verheißung nicht identisch, Politik und Religion decken sich nicht mehr. Wird aus der politischen Auseinandersetzung eine religiöse, wird das Problem unlösbar. Als Konflikt ist es das beinahe schon. Je mehr sich Israels Umgebung islamisiert, je bedrohlicher der Konflikt dieser Staaten mit einer Zivilisation wird, von der sie leben und damit abhängig sind, desto größer wird die Versuchung dieser anachronistisch gewordenen Gebilde, einen Krieg auszulösen, direkt gegen Israel oder indirekt gegen die Palästinenser. Allzuleicht gehen dann jene unter, die in der Minderzahl sind: die Juden, und mit ihnen jene, die, von diesen inspiriert, das gleiche versuchen wollten – die Gründung eines rationalen Staates – die Palästinenser. Israel kommt nicht mehr darum herum, einen palästinensischen Staat zuzulassen, und die Palästinenser kommen nicht mehr darum herum einzusehen, daß nur noch Israel inmitten dieser unstabilen politischen Konstellationen ihren Staat zu garantieren vermag: Sie sind beide aufeinander angewiesen. Heute scheint dieses Bündnis noch undenkbar. Doch welche Konstellationen sind mit der Zeit und in wie kurzer Zeit nicht möglich geworden? Wie oft blamierten wir uns nicht vor der Geschichte? Begreifen wir nachträglich noch, was wir einst begriffen zu haben glaubten? Die Zeit treibt Israel dahin, und die Zeit ist etwas Relatives. Als meine Frau und ich vor drei Jahren das letzte Mal in Israel waren, wurden wir von einem Archäologen in Tel-Aviv abgeholt, der uns nach Jerusalem führte. Unterwegs erzählte er, man habe einen Türpfosten gefunden, der aus der Zeit stamme, da Jerusalem persisch gewesen sei. Und als ich einwandte, diese Zeit habe nur 14 Jahre gedauert, antwortete er entrüstet: »Vierzehn Jahre sind lang.« Ich begriff ihn: Lebte er doch in einem Staate, der damals noch nicht 30 Jahre alt war. 145 Tage später war Sadat in Jerusalem. Das hätte auch niemand voraussagen können, ebensowenig wie damals, als ich diese Zeilen schrieb, den iranisch-irakischen

Krieg, während ich dem ›vielleicht‹ bei Polen nichts hinzuzufügen habe. »Mein ist die Rache«, spricht der Kreml.

IX

Als ich vor etwa zwei Wochen wieder einmal tief in der Nacht mit den *Nachgedanken* ans Ende gekommen schien, angelte ich mir für die Nachtlektüre ein Buch von Alex Comfort: *Natur und menschliche Natur. Die Selbstbefreiung des Menschen aus den Zwängen der Instinkte.* Ich dachte, ›muß der noch Illusionen haben‹, und nahm das Buch mit. Im Bett, verstrickt in Bücher von Kant, Popper, Kolakowski, Mauthner und Schopenhauer, die in meinem Gedächtnis herumgeisterten, entdeckte ich, daß ich Comfort schon einmal gelesen hatte. Vieles war angestrichen, und einen Satz hatte ich irgendeinmal auf das leere Blatt vor dem Titel notiert: »Doch die menschliche Situation, in der sozusagen das Oberkommando Anweisungen und Botschaften von einer geheimen Abteilung mit eigener Logik, eigenen Zielen und der Dauerhaltung eines dreijährigen Kindes bekommt, dürfte einmalig sein.« Dieser Satz traf mich. Ich fühlte mich ertappt, und was ich seit einiger Zeit am Schreibtisch trieb, schien mir Unsinn. Mein schriftstellerisches Oberkommando, abhängig von einer Geheimabteilung mit eigener Logik, eigenen Zielen und der Dauerhaltung eines dreijährigen Kindes, hatte mir wieder einmal einen Streich gespielt: Was soll der Kampf gegen das Irrationale, Ideologische, wenn der Mensch ohne diese Hilfsmittel ebensowenig auskommt wie ein dreijähriges Kind ohne Märchen? Wenn der Mensch irrational ist, von

Zwängen beherrscht, die er nicht zu durchschauen vermag, weil er sie nicht wahrhaben will, ist das Rationale sein Feind. Wozu mein Schreiben, wieder Durchstreichen und Neuformulieren? Weshalb mein zäher Kampf gegen die römische Kirche? Weil ich ein Protestant bin? Muß ich mich bestätigen? Renne ich gegen die Dogmen an, weil ich meinen Glauben nicht zu formulieren vermag? Ist ein Glaube überhaupt zu formulieren? Ich denke mir den Kopf wund, um gegen den Marxismus zu schreiben. Will ich mich verteidigen, weil ich kein Marxist bin? Ich werfe der Sowjetideologie vor, sie brauche Feinde. Besteht mein Schreiben aus etwas anderem, als daß ich mir meine Feinde erfinde und mich gegen die von mir erfundenen Feinde zur Wehr setze? Bin ich meine eigene Sowjetunion? Bin ich in allem, was ich da schrieb, an die Wirklichkeit herangekommen oder rannte ich gegen die Mauer meines Geistes an, die mich auf ewig von der Wirklichkeit trennt? Ist Schreiben nur ein aberwitziges Selbstbeschreiben, das die Wirklichkeit zu einem subjektiven ›Fall‹ des Schreibenden umformt? Bin ich nicht selber das irrationalste Wesen, indem ich diese *Nachgedanken* gedacht habe? Oder ist es die Furcht, die mich zwingt zu schreiben, so wie ich als Kind immer pfiff, wenn ich in den Keller geschickt wurde? Ist der Versuch, mir Klarheit über die Welt zu schaffen, in die ich geboren wurde, mit dem Versuch zu vergleichen, eine Sekunde zu verewigen, sie im Zeitlosen zu verankern? Oder ist das Denken das Wälzen des Felsblocks, den Sisyphos wälzte? Und die Versuchung, dieses mühsame Wälzen aufzunehmen, ist sie die Hoffnung, daß der Felsblock auf einer Klippe stehen bleibt, und sei es für eine Sekunde, für eine Zehntelsekunde, für eine Hundertstelsekunde? Oder bleibt der hinaufgewälzte Felsblock etwa stecken, dumm, stur, als ein Denkmal: Hier hat einer gedacht. Sind wir nicht umstellt von diesen Gedankendenkmälern? Gab es nur einen Sisyphos? Täuschte sich Hades vielleicht, wenn er stets von einem berichtete? Hades, der Höllenfürst und Bruder des Zeus, war schließlich mit Persephone beschäftigt, mit einer überaus schönen Göttin, oder spielte mit deren Freundin Hekate, der Königin der Hexen, die bald ein Löwe, bald ein Hund und bald ein Esel war; und besuchte seine Gattin wieder einmal die Oberwelt, sah er wohl kaum genau hin: Das Betrachten ewiger Strafen langweilt mit der Zeit, und so kann er sich denn geirrt haben: Sisyphos war nicht einer, sondern viele, nur Hades glaubte, es sei einer. Die meisten Felsblöcke, welche diese vielen Sisyphosse hinaufwälzten, blieben auf der Klippe als fixe Idee stecken, die Generationen von Anti-Sisyphossen mühsam hinunterzukippen versuchten und noch heute versuchen. Zwar rollte und rollt bald der eine, bald der andere mit der Zeit hinunter, was Hades, da er alles an der Ewigkeit mißt, als ein immerwährendes Geschehen betrachtet, als ein endloses Hinunterpoltern, so daß er, einen Sisyphos mit einem anderen und diese wiederum mit einem Anti-Sisyphos um den anderen verwechselnd, sich ein endloses Hinaufwälzen und ein Hinunterfallen der Gedankendenkmäler vorstellt. Verzeihen wir seinen Irrtum, denn wieder treten neue Sisyphosse an, die ihre Gedanken hinaufwälzen, und, weiß der Teufel, jetzt scheint es mir, ich bin auch einer von ihnen: und schon sehe ich den Gegner meiner selbst, der meine Gedanken auf mich herunterwälzt, mich unter meinem Gedankendenkmal begrabend.

X

Doch um nicht mit der Unterwelt aufzuhören, kehren wir auf die Oberwelt zurück und steigen gleich noch auf den Olymp. Wir haben schließlich die Geschichte des Prokrustes nicht zu Ende erzählt. Ob dieser die Worte des Theseus auch begriffen hatte, bevor ihm der Kopf abgeschlagen wurde, ist ungewiß, ja wenig wahrscheinlich – nach den letzten Worten seines hinuntergekugelten Kopfes zu schließen: Ideologen sind kaum zur Vernunft zu bringen –, aber die Götter, die auf dem Olymp versammelt waren, nahmen am Geschehen teil: Sie saßen beim Nachmittagsnektar und hatten das Fernsehprogramm ›Erde I‹ eingeschaltet, diesmal mit Ton. »Ein kluger Bursche, dieser Theseus«, meinte Pallas Athene anerkennend zum ewig leberleidenden Prometheus. »Ich hätte gar nicht gedacht, daß du die Menschen so vernünftig geschaffen hast.« Zeus rieb sich den Kopf. »Ich weiß nicht«, sagte der Göttervater zu Prometheus, der mürrisch in seinem Nektar herumrührte, »hättest du ihnen mehr Liebe zueinander eingeflößt, wäre Prokrustes gar nicht erst auf seine Ideologie gekommen.« »Das sagst ausgerechnet du«, brummte Hera, die Göttermutter, die ein Strampelhöschen strickte – hatte sich doch ihr Gatte auf seinem letzten Erdenausflug wieder einmal in einen Schwan verwandelt –, und zog sich in ihr Boudoir zurück. »Aber Heri«, sagte Zeus. Doch Hera ließ sich nicht mehr blicken. »Wenn die Menschen immer vernünftiger werden«, fragte Apoll, um Zeus abzulenken, der schon zornig nach einem Blitz griff, »ob die Menschen wohl in dreitausend Jahren noch an uns glauben, weil wir doch gänzlich irrational sind.« »Ich weiß nicht«, brummte Zeus und ließ den Blitz liegen. »Das letzte Mal, als ich mich in einen Schwan verwandelte«, er rieb sich wieder den Kopf, »ich wag es Hera gar nicht zu sagen, das Mädchen, Iope hieß sie, gab mir eins mit einem Stecken über den Schädel. Ich glaube, sie hielt mich wirklich für einen Schwan. Und nun strickt eure gute Mutter für nichts ein Strampelhöschen. Nein, Apoll, der Glaube an uns nimmt ab. In dreitausend Jahren? Ausgeschlossen. Wir sind das Unwahrscheinlichste, Allerirrationalste, das je erdacht worden ist.« »Schauen wir nach«, meinte Hephaiston und stellte den Fernseher auf das Jahr 1980 nach Christi Geburt ein. Auf dem Bildschirm erschien Erich von Däniken und hielt einen Vortrag. »Donnerwetter«, staunten die Götter, »wir sind unsterblich.«

*September–Oktober 1980*

# *Anhang*

## *Nachweis*

Die Sekundärliteratur wie auch Dürrenmatt selbst übermitteln oft widersprüchliche Angaben zu den einzelnen Texten; der nachfolgende Nachweis zur Publikationsgeschichte sowie zur Textgrundlage stützt sich auf die Dokumente aus Dürrenmatts Nachlaß und Archiv im Schweizerischen Literaturarchiv in Bern.

Im Oktober 1973 schreibt Dürrenmatt – der bereits nach dem Sechstagekrieg auf einer Kundgebung am 17. Juni 1967 in Zürich mit der Rede *Israels Lebensrecht* (vgl. Band 34, *Politik*, der vorliegenden Werkausgabe) zum israelisch-arabisch-palästinensischen Konflikt das Wort ergriffen hatte – aus Solidarität mit Israel nach Ausbruch des Jom-Kippur-Krieges den kurzen Text *Ich stelle mich hinter Israel*, der am 22. Oktober 1973 von der ›Neuen Zürcher Zeitung‹ und vielen anderen Zeitungen veröffentlicht wird. In der Folge lädt das israelische Außenministerium (auf Initiative von FDs Freund, dem jüdischen Rechtsanwalt Dr. Veit Wyler) Dürrenmatt im Oktober 1974 zu Gastvorlesungen nach Israel ein. Die von FD aus der Schweiz mitgebrachte Rede wird, kaum zum ersten Mal an der Hebräischen Universität Jerusalem gehalten, für Haifa mit einer neuen Vorrede versehen; für die Dankesrede zum Empfang der Ehrenmitgliedschaft der Ben-Gurion-Universität Beerschewa schreibt Dürrenmatt nicht nur eine zweite Vorrede, sondern das ganze Redemanuskript zum doppelten Umfang um. Auch nach der Rückkehr in die Schweiz läßt die Rede Dürrenmatt nicht los. Parallel zur Arbeit an seinen anderen, im gleichen Zeitraum entwickelten Konzeptprosa-Werken (*Mitmacher-Komplex* und die *Stoffe*), die untereinander wechselseitig verzahnt sind und sich gegenseitig bedingen (Dürrenmatt bezeichnet die drei Werke in dieser Zeit öfter als Trilogie), schwillt die ursprüngliche ›Rede in Israel‹ (unter dem Arbeitstitel *Imaginäre Rede in*

*Israel*) zu einem Monstervortrag von ca. 500 Manuskriptseiten an (ab 1975 unter dem Arbeitstitel *Zusammenhänge. Versuch einer Konzeption*). Gewidmet der Ben-Gurion-Universität in Beerschewa, erscheint der Vortrag 1976 unter dem Titel *Zusammenhänge. Essay über Israel. Eine Konzeption* im Verlag der Arche, Zürich. Darin enthalten ist die (1975 geschriebene) zweigeteilte Parabel *Abu Chanifa und Anan ben David,* die den ›Zweiten Teil‹ und den ›Vierten Teil‹ beschließt (und in überarbeiteter Fassung separat auch in Band 24 der vorliegenden Werkausgabe mit den anderen Erzählungen *Der Sturz, Smithy* und *Das Sterben der Pythia* enthalten ist).

Aus Anlaß der Neuausgabe des Essays *Zusammenhänge* in der Werkausgabe 1980 schreibt Dürrenmatt zwischen Juli und September 1980 die *Nachgedanken unter anderem über Freiheit, Gleichheit und Brüderlichkeit in Judentum, Christentum, Islam und Marxismus und über zwei alte Mythen,* die in den Band mit aufgenommen werden.

# *Personen- und Werkregister*

Die Einordnung der Werktitel erfolgt alphabetisch nach dem ersten Wort (ohne Berücksichtigung der Artikel). Kursive Werktitel bezeichnen Texte, Werktitel in einfachen Anführungen bezeichnen Werke der bildenden Kunst, der Musik oder Filme.

Texte, deren Autorschaft nicht in Klammern nachgewiesen wird, stammen von FD. Mit einem * versehene Werktitel FDs bezeichnen unvollendet gebliebene (zu Lebzeiten nicht veröffentlichte) Texte oder Arbeitsfassungen von Texten, die später unter anderem Titel veröffentlicht wurden.

Nicht aufgenommen sind Jahrbücher und Festschriften sowie die Fernsehverfilmungen, außerdem Personen und Werke, die – obschon real – vom Autor in einem fiktionalen Zusammenhang genannt werden.

Dagegen erscheinen im Register auch Personen und Werke, die auf den entsprechenden Seiten zwar nicht namentlich erwähnt werden, aber eindeutig identifizierbar sind.

Falsche Schreibungen von Personennamen wurden unter Wahrung des Lautstandes stillschweigend korrigiert und vereinheitlicht. Bei größeren Abweichungen oder gänzlich falschen Namen bzw. Werktiteln wurde nicht korrigiert, sondern im Register kommentarlos ein Verweis plaziert.

Die Personen und Werktitel für die gesamte vorliegende Werkausgabe in 37 Bänden 1998 sind im dazugehörigen Registerband (detebe 23079) erfaßt.

# *Friedrich Dürrenmatt im Diogenes Verlag*

Werkausgabe in 37 Bänden mit einem Registerband

Jeder Band enthält einen Nachweis zur Publikations- und gegebenenfalls Aufführungsgeschichte sowie zur Textgrundlage

● **Das dramatische Werk**

*Es steht geschrieben / Der Blinde*
Frühe Stücke

*Romulus der Große*
Eine ungeschichtliche historische Komödie in vier Akten. Neufassung 1980

*Die Ehe des Herrn Mississippi*
Eine Komödie in zwei Teilen (Neufassung 1980) und ein Drehbuch

*Ein Engel kommt nach Babylon*
Eine fragmentarische Komödie in drei Akten. Neufassung 1980

*Der Besuch der alten Dame*
Eine tragische Komödie. Neufassung 1980

*Frank der Fünfte*
Komödie einer Privatbank. Neufassung 1980

*Die Physiker*
Eine Komödie in zwei Akten. Neufassung 1980

*Herkules und der Stall des Augias / Der Prozeß um des Esels Schatten*
Griechische Stücke. Neufassung 1980

*Der Meteor / Dichterdämmerung*
Zwei Nobelpreisträgerstücke. Neufassungen 1978 und 1980

*Die Wiedertäufer*
Eine Komödie in zwei Teilen. Urfassung

*König Johann / Titus Andronicus*
Shakespeare-Umarbeitungen

*Play Strindberg / Porträt eines Planeten*
Übungsstücke für Schauspieler

*Urfaust / Woyzeck*
Zwei Bearbeitungen

*Der Mitmacher*
Ein Komplex. Text der Komödie (Neufassung 1980), Dramaturgie, Erfahrungen, Berichte, Erzählungen. Mit Personen- und Werkregister

*Die Frist*
Eine Komödie. Neufassung 1980

*Die Panne*
Ein Hörspiel und eine Komödie

*Nächtliches Gespräch mit einem verachteten Menschen / Stranitzky und der Nationalheld / Das Unternehmen der Wega*
Hörspiele und Kabarett

*Achterloo*
Achterloo I / Rollenspiele (Charlotte Kerr: ›Protokoll einer fiktiven Inszenierung‹; Friedrich Dürrenmatt: ›Achterloo III‹) / Achterloo IV / Abschied vom Theater
Mit Personen- und Werkregister

**● Das Prosawerk**

*Aus den Papieren eines Wärters*
Frühe Prosa

*Der Richter und sein Henker / Der Verdacht*
Die zwei Kriminalromane um Kommissär Bärlach

*Der Hund / Der Tunnel / Die Panne*
Erzählungen

*Grieche sucht Griechin / Mister X macht Ferien / Nachrichten über den Stand des Zeitungswesens in der Steinzeit*
Grotesken

*Das Versprechen*
Requiem auf den Kriminalroman /
*Aufenthalt in einer kleinen Stadt*
Fragment

*Der Sturz / Abu Chanifa und Anan ben David / Smithy / Das Sterben der Pythia*
Erzählungen

*Justiz*
Roman

*Minotaurus / Der Auftrag oder Vom Beobachten des Beobachters der Beobachter / Midas oder Die schwarze Leinwand*
Prosa

*Durcheinandertal*
Roman

*Labyrinth*
Stoffe I–III: ›Der Winterkrieg in Tibet‹ / ›Mondfinsternis‹ / ›Der Rebell‹. Vom Autor revidierte Neuausgabe. Mit Personen- und Werkregister

*Turmbau*
Stoffe IV–IX: ›Begegnungen‹ / ›Querfahrt‹ / ›Die Brücke‹ / ›Das Haus‹ / ›Vinter‹ / ›Das Hirn‹. Mit Personen- und Werkregister

*Theater*
Essays, Gedichte und Reden. Mit Personen- und Werkregister

*Kritik*
Kritiken und Zeichnungen. Mit Personen- und Werkregister

*Literatur und Kunst*
Essays, Gedichte und Reden. Mit Personen- und Werkregister

*Philosophie und Naturwissenschaft*
Essays, Gedichte und Reden. Mit Personen- und Werkregister

*Politik*
Essays, Gedichte und Reden. Mit Personen- und Werkregister

*Zusammenhänge*
Essay über Israel. Eine Konzeption /
*Nachgedanken*
unter anderem über Freiheit, Gleichheit und Brüderlichkeit in Judentum, Christentum, Islam und Marxismus und über zwei alte Mythen. 1980
Mit Personen- und Werkregister

*Versuche / Kants Hoffnung*
Essays und Reden. Mit Personen- und Werkregister

*Gedankenfuge*
Essays. Mit Personen- und Werkregister /
*Der Pensionierte*
Fragment eines Kriminalromans (Text der Fassung letzter Hand)

*Registerband zur Werkausgabe Friedrich Dürrenmatt*
Chronik zu Leben und Werk. Bibliographie der Primärliteratur. Gesamtinhaltsverzeichnis. Alphabetisches Gesamtwerkregister. Personen- und Werkregister aller 37 Bände

Außerhalb der Werkausgabe lieferbar:

## ● Gespräche

*Gespräche 1961–1990*
4 Bände in Kassette. Band 1: Der Klassiker auf der Bühne 1961–1970. Band 2: Die Entdeckung des Erzählens 1971–1980. Band 3: Im Bann der ›Stoffe‹ 1981–1987. Band 4: Dramaturgie des Denkens 1988–1990. Herausgegeben von Heinz Ludwig Arnold. In Zusammenarbeit mit Anna von Planta und Jan Strümpe

## ● Briefe

Max Frisch/Friedrich Dürrenmatt
*Briefwechsel*
Mit einem Essay des Herausgebers Peter Rüedi. Mit zwei Faksimiles

## ● Einzelausgaben

*Der Richter und sein Henker*
Kriminalroman. Studienausgabe mit zahlreichen Fotos aus dem Film und einem Anhang

*Der Verdacht*
Kriminalroman. Mit einer biographischen Skizze des Autors

*Die Panne*
Eine noch mögliche Geschichte

*Grieche sucht Griechin*
Eine Prosakomödie

*Das Versprechen*
Requiem auf den Kriminalroman

*Justiz*
Roman

*Minotaurus*
Eine Ballade. Mit Zeichnungen des Autors

*Der Auftrag*
oder Vom Beobachten des Beobachters der Beobachter. Novelle in vierundzwanzig Sätzen

*Durcheinandertal*
Roman

*Der Pensionierte*
Fragment eines Kriminalromans (Bibliophile Ausgabe). Text der Fassung letzter Hand. Faksimile des Manuskripts. Faksimile des Typoskripts mit handschriftlichen Änderungen. Mit einem Nachwort von Peter Rüedi und einem editorischen Bericht

*Der Pensionierte*
Fragment eines Kriminalromans (Text der Fassung letzter Hand). Mit einem möglichen Schluß von Urs Widmer und einem Nachwort von Peter Rüedi

## ● Anthologien und Sammelbände

*Denkanstöße*
Ausgewählt und zusammengestellt von Daniel Keel. Mit sieben Zeichnungen des Dichters

*Das Mögliche ist ungeheuer*
Ausgewählte Gedichte. Mit einem Nachwort von Peter Rüedi

*Die Schweiz – ein Gefängnis*
Rede auf Václav Havel. Mit einem Gespräch des Autors mit Michael Haller sowie einer Rede von Bundesrat Adolf Ogi

*Das Dürrenmatt Lesebuch*
Herausgegeben von Daniel Keel. Mit einem Nachwort von Heinz Ludwig Arnold

*Meistererzählungen*
Ausgewählt von Daniel Keel. Mit einem Nachwort von Reinhardt Stumm

*Meine Schweiz*
Ein Lesebuch. Herausgegeben von Heinz Ludwig Arnold, Anna von Planta und Ulrich Weber. Mit einem Vorwort von Heinz Ludwig Arnold

## ● Das zeichnerische Werk

*Die Heimat im Plakat*
Ein Buch für Schweizer Kinder

*Die Mansarde*
Die Wandbilder aus der Berner Laubeggstraße. 24 Abbildungen mit Texten von Friedrich Dürrenmatt. Mit einem Essay von Ludmila Vachtova

## ● Über Dürrenmatt

Elisabeth Brock-Sulzer
*Friedrich Dürrenmatt*
Stationen seines Werkes. Mit Fotos, Zeichnungen, Faksimiles

*Über Friedrich Dürrenmatt*
Essays, Zeugnisse und Rezensionen. Mit Chronik und Bibliographie. Herausgegeben von Daniel Keel. Verbesserte und erweiterte Ausgabe 1998

*Herkules und Atlas*
Lobreden und andere Versuche über Friedrich Dürrenmatt. Herausgegeben von Daniel Keel

*Friedrich Dürrenmatt*
*Schriftsteller und Maler*
Ein Bilder- und Lesebuch zu den Ausstellungen im Schweizerischen Literaturarchiv Bern und im Kunsthaus Zürich

*play Dürrenmatt*
Ein Lese- und Bilderbuch. Mit Texten von Friedrich Dürrenmatt, Hugo Loetscher, Peter Rüedi, Guido Bachmann u.a. sowie Handschriften, Zeichnungen und Fotos

Heinz Ludwig Arnold
*Querfahrt mit Friedrich Dürrenmatt*
Aufsätze und Reden

Friedrich Dürrenmatt

## *Labyrinth*

Stoffe I – III

*Der Winterkrieg in Tibet*
*Mondfinsternis · Der Rebell*

## *Turmbau*

Stoffe IV – IX

*Begegnung · Querfahrt*
*Die Brücke · Das Haus*
*Vinter · Das Hirn*

»Der Versuch, die Geschichte meiner ungeschriebenen Stoffe zu schreiben, zwang mich, die Geschichte einiger meiner ungeschriebenen Stoffe zu rekonstruieren. Indem ich meine alten Fabeln aufgriff, griff ich mich selber auf, allzusehr bin ich mit meinen Stoffen verwoben und in sie eingesponnen. Mein Irrtum, mein Schreiben sei dem gewachsen. Allzu leichtfertig ließ ich mich auf ein Unternehmen ein, dessen Ende nicht abzusehen war. Es ging mir wie mit dem *Turmbau zu Babel*, den ich einmal plante und begann: ich mußte ihn abbrechen, um mich von ihm zu befreien. Was blieb, sind seine Trümmer.« *Friedrich Dürrenmatt*

»Diese Autobiographie als Geschichte einer literarischen Werkstatt verliert sich nicht in klatschsüchtiger Geschwätzigkeit, in Rechtfertigungsplädoyers oder kapriziöser Anekdotensucht. Im Gegenteil.«
*Frankfurter Allgemeine Zeitung*

»Faszinierende Spurensicherung – zwischen Autobiographie und Dokumentation: der literarische Riese, gelassen, souverän.« *Die Zeit, Hamburg*

»Dürrenmatts ›Steinbruch‹, eine Riesenfundgrube. Das aufregendste Buch seit langem: kein einziger Schritt auf dem Trampelfeld herrschenden Einverständnisses.« *Tages-Anzeiger, Zürich*

»Ein erzählerisches Labyrinth, das ein großartig böses Spiegelbild vom Pandämonium unserer Welt liefert.«
*Norddeutscher Rundfunk, Hamburg*

»Ein Riesenepos, das ein Jahrhundertwerk werden könnte.« *Deutsche Welle, Köln*

## *Gedankenfuge*

[in: Gedankenfuge/Der Pensionierte]

»Die in der *Gedankenfuge* zusammengefaßten Texte sind zwar bis auf einen vom Autor fertiggestellt und in einer letzten Reinschrift überliefert, doch läßt sich an ihnen die Verfertigung der Geschichten beim Erzählen noch besser beobachten als in den zuvor veröffentlichten Stoffen. Wenn man für Dürrenmatts *Stoffe* ebenso wie für seine Geisteshaltung ein Vorbild suchen wollte, würde man es am ehesten in den ›Versuchen‹ Montaignes finden. Auch Dürrenmatt teilt sich vor allem selber mit, auch er erzählt nur, will nicht lehren, gar ein System aus seinem Denken machen. Seine Aufmerksamkeit gilt den großen Mythen des abendländischen Geistes ebenso wie den Randfiguren, doch an diesen entzündet sich seine eigentliche Neugierde. Und wenn wir ihn heute lesen, spricht er mit uns, soviel Mündlichkeit sprudelt in allem, was er zu Papier gebracht hat: ›Stoff ... ist die unmittelbare Antwort des Menschen auf sein Erleben.‹« *Gert Ueding/Die Welt, Bonn*

»Das halbe Dutzend Betrachtungen dieses Buches komplettiert nicht nur Dürrenmatts gesammelte Werke, es ist auch ein großes Lesevergnügen: teils dichterische Philosophie, teils philosophische Dichtung. Ein apokalyptischer Schatten fällt auf diese späte, postum veröffentlichte Prosa wie auf dem Titelbild des Buches, einem Ausschnitt aus Dürrenmatts Gemälde ›Letzter Angriff‹: es ist der Angriff seiner Totenvögel.« *Georg Hensel/FAZ*

# *Mystik und Religion im Diogenes Verlag*

● **Angelus Silesius**
*Der cherubinische Wandersmann*
Geistreiche Sinn- und Schlußreime. Herausgegeben und mit einem Nachwort von Erich Brock

● **Die Bergpredigt**
Aktuelle Texte aus dem Neuen Testament. Herausgegeben von Christian Strich. Mit einem Vorwort von H.G. Wells

● **Die Bibel**
Eine Auswahl der schönsten Geschichten und Dichtungen. Von der Erschaffung der Welt bis zum Leben Jesu. In der Übertragung von Martin Luther. Auswahl der Texte von Franz Sutter

● **Buddha**
*Worte der Vollendung*
Herausgegeben und mit einem Vorwort und einem Nachwort von Wolfgang Kraus

● **Meister Eckehart**
*Deutsche Predigten und Traktate*
Herausgegeben und übersetzt von Josef Quint

● **Franz von Assisi**
*Fioretti*
Gebete/Ordensregeln/Testament/Briefe. Aus dem Italienischen von Wolfram von den Steinen und Max Kirschstein. Mit einem Essay von Wolfram von den Steinen

● **Paul Gerhardt**
*Ich bin ein Gast auf Erden*
Gedichte. Herausgegeben und mit einem Nachwort von Heimo Reinitzer

● **Geschichten aus der Bibel**
In der Übertragung von Martin Luther. Auswahl der Texte von Franz Sutter

*Die Geschichte von der Erschaffung der Welt*
von Adam und Eva, von ihrem Sündenfall, von Abraham, Jakob und von Joseph und seinen Brüdern

*Die Geschichte von Hiob*
dem rechtschaffenen Mann, seinen Prüfungen und seinem Streit mit Gott

*Die Geschichte von König David*
von Sauls Eifersucht, dem Kampf mit Goliat und von der Eroberung Jerusalems

*Die Geschichte von Moses*
vom Exodus, den Zehn Geboten und dem Einzug ins Gelobte Land

● **Hildegard von Bingen**
*Lieder*
Lateinisch und deutsch. Aus dem Lateinischen von Adelgundis Führkötter. Ausgewählt von Silvia Sager. Mit einem Vorwort von Walter Nigg

● **Lao Tse**
*Tao-Te-King*
Neu ins Deutsche übertragen von Hans Knospe und Odette Brändli. Mit einem Nachwort von Knut Walf

● **Lobet den Herrn!**
Gebete großer Dichter und Denker. Gesammelt von Christian Strich. Mit einem Vorwort von Thomas Merton und einem Essay von Alexis Carrel

● **Ludwig Marcuse**
*Ignatius von Loyola*
Ein Soldat der Kirche. Mit Zeittafel

● **Thomas Merton**
*Im Einklang mit sich und der Welt*
Contemplation in a World of Action.
Aus dem Amerikanischen und mit einer Einführung von Georg Tepe

● **Mohammed**
*Die Stimme des Propheten*
Aus dem Koran ausgewählt, herausgegeben und mit einem Vorwort von Wolfgang Kraus

**● Walter Nigg**

*Große Heilige*
Von Franz von Assisi bis Therese von Lisieux

*Das Buch der Ketzer*
Von Simon Magus bis Leo Tolstoi

*Vom Geheimnis der Mönche*
Von Bernhard von Clairvaux bis Teresa von Avila

*Das mystische Dreigestirn*
Meister Eckhart, Johannes Tauler, Heinrich Seuse

*Heilige und Dichter*
Von Augustinus bis Reinhold Schneider

*Des Pilgers Wiederkehr*
Drei Variationen über ein Thema

*Heimliche Weisheit*
Mystisches Leben in der evangelischen Christenheit

*Der christliche Narr*
Über Symeon von Edessa, Jacopone da Todi, Erasmus' ›Lob der Torheit‹, Philipp Neri, Cervantes' ›Don Quijote‹, Heinrich Pestalozzi und Dostojewskijs ›Idiot‹

*Buch der Büßer*
Neun Lebensbilder

*Große Unheilige*
Von König Saul bis Friedrich Nietzsche

*Das ewige Reich*
Geschichte einer Hoffnung

*Teresa von Avila*
Eine leidenschaftliche Seele

*Der Teufel und seine Knechte*

*Franz von Assisi*
Denken mit dem Herzen

**● Die Psalmen**
Übertragen von Moses Mendelssohn
Herausgegeben von Walter Pape. Mit einem Nachwort von Walter Pape und Gideon Toury

**● Ernest Renan**

*Das Leben Jesu*
Vom Verfasser autorisierte Übertragung aus dem Französischen

**● Salomo**

*Weinen hat seine Zeit*
*Lachen hat seine Zeit*
Die großen Dichtungen des weisen König Salomo. Mit einem Vorwort von Ludwig Marcuse

**● Teresa von Avila**

*Die innere Burg*
Herausgegeben und übersetzt von Fritz Vogelgsang

**● Das Neue Testament**
Synoptische Ausgabe in 4 Spalten auf einer Doppelseite in 4 Sprachen: Lateinisch, Griechisch, Deutsch (Luther) und Englisch (King James Bible)

**● Thomas a Kempis**

*Die Nachfolge Christi*
Ein kernhafter Auszug aus ›De imitatione Christi‹. Nach dem lateinischen Urtext bearbeitet und mit Anmerkungen herausgegeben von E.A. Kernwart

**● Gerhard Wehr**

*Martin Buber*
Leben, Werk, Wirkung

## *Meir Shalev im Diogenes Verlag*

### *Ein Russischer Roman*

Aus dem Hebräischen von Ruth Achlama

Der Waisenjunge Baruch, der bei seinem Großvater aufwuchs, erinnert sich an seine Kindheit im Israel der Gründerjahre und an die ihm überlieferte Familiengeschichte. Die russischen Einwanderer der Zeit zwischen 1904 und 1914, der sogenannten zweiten Alija, versuchten ihre utopisch-sozialistischen Ideale in den Kibbuzim Wirklichkeit werden zu lassen. Selbstironisch und phantasievoll beschreibt Shalev das Zusammenleben und die Geschichte dreier Generationen in einem kleinen Dorf in der Jesreel-Ebene.

»Eine wunderbare, witzige und sehnsüchtige Commedia dell'arte der Gründerjahre von Erez Israel.«
*Peter Mosler/Die Zeit, Hamburg*

### *Esaus Kuß*

Eine Familiensaga.
Deutsch von Ruth Achlama

Shalevs zweite packende Familiensaga ist die Geschichte einer sephardischen Bäckersfamilie, die in einem kleinen Dorf östlich von Jerusalem eine Bäckerei gründet. Hier, rund um den Ofen, der das legendäre Brot herstellt, leben drei Generationen, die sich streiten und versöhnen – und am Ende doch auseinanderbrechen.

»Shalev breitet nicht nur sein lokalgeschichtliches Wissen in farbenprächtigen Mosaiksteinchen aus, sondern präsentiert auch seinen hintergründigen Witz. Ein furios erzähltes Riesenmärchen, eine brillante Familiengeschichte, ein bewegender wie gleichermaßen wunderbar unterhaltender Roman.«
*Ilse Leitenberger/Die Presse, Wien*

## *Der Sündenfall – ein Glücksfall?*

Alte Geschichten aus der Bibel neu erzählt
Deutsch von Ruth Melcer

Meir Shalevs Art, die Bibel nachzuerzählen und neu zu deuten, ist hochinteressant und vor allem: ein Lesevergnügen! Seine humorvolle Art, mit dem Stoff umzugehen, bringt an den Tag, daß sich die Bibel ebenso gut liest wie Shakespeares Werke, es gilt sie nur zu entdecken – und dieser Autor ist ein brillanter Expeditionsleiter.

»Ob der Sündenfall ein Glücksfall war – wer weiß. Ein Glücksfall allerdings sind Shalevs neue Deutungen der Bibelgeschichte. Sie sind amüsant und heiter und immer mit einem kleinen Augenzwinkern geschrieben.« *Bayerisches Fernsehen, München*

## *Judiths Liebe*

Roman. Deutsch von Ruth Achlama

Manche Kinder haben eine Mutter und keinen Vater. Der zwölfjährige Sejde, der mit seiner Mutter in einem kleinen Dorf in der Jesreel-Ebene lebt, aber hat drei Väter. *Judiths Liebe* ist Shalevs dritte Familiensaga, in der es um die wahre Liebe geht und um eine wunderbare, eigenwillige Frau.

»*Judiths Liebe* ist eine Liebesgeschichte voll von jüdischem Humor, jiddischen Legenden, Anekdoten und Weisheiten und deftigem Witz.«
*Vrij Nederland, Amsterdam*

»Meir Shalev ist es gelungen, mindestens zwei Bücher in einem zu schreiben: den warmglühenden Roman über ein Moschaw und seine Menschen und eine verzwickte Parabel über ein gelobtes, aber sprödes Land, dessen Liebhaber an ihrer Liebe scheitern.«
*Süddeutsche Zeitung, München*